臺灣

台語俗諺鬼神紀事

王崇憲——著

《臺灣台語俗諺鬼神紀事》推薦序

國立中山大學榮譽退休教授　林慶勳

　　「諺語」（或稱做俗諺）是一種先民智慧結晶的「語言」，它用簡單句式當結構形式，加上琅琅上口押韻，讓它方便傳播出去。至於是否使用「文字」記錄，那是諺語形成之後的事。我們使用諺語，除了瞭解前面基本觀念之外，還需要注意某些諺語有「地域限制性」與「時間流通性」兩項。

　　有關「地域限制性」，舉家鄉桃園縣大園鄉（今桃園市大園區）例子說明。大園鄉，屬於臺灣西北部臨海農業鄉村，一甲子前，處處可見，青翠水田，阡陌縱橫，稻禾翠綠，埤塘水清，點綴著竹林環繞炊煙裊裊的農家。這樣的農鄉景致，自然是每年稻作收成可觀，物產豐饒，可惜收成都歸少數地主所有，絕大多數租田耕作佃農之家，其實沒有福份享受每季豐收成果。

　　農業社會，終年辛苦勞動的農民，拼死拼活，還不一定能夠得到相等報酬。平日飲食開銷，盡量節儉，積存收成的點點滴滴，等待繳納田租，偶而遇到天災或疾病，只能祈求神佛保佑，賜給終年勤勞耕種下民一條活路。既然無法像田頭家一樣，不愁吃不愁穿，絕對弱勢的佃農，只能藉著信仰位於大園村（今大園里）仁壽宮神佛，乞求感天大帝許真君，保佑一家大小，身家平安，衣食無

缺。

　　因此生活在家鄉，無論老少，識字與否，幾乎人人能夠脫口而出：「儉腸餒肚，欲等十月二十五」這一句諺語。十月二十五日是許真君在仁壽宮安座大典紀念日，鄉民平日節省所有用度，等待這一天到來，祭祀當日，大園街上家家戶戶祭拜謝神，晚間則準備豐盛流水席，招待來自各地親友，感謝大家平日種種協助，才能順利平安度過這一年汗水換來的辛勞。

　　由此可以明白，這句「儉腸餒肚，欲等十月二十五」的諺語，只有在大園鄉境才能使用，並非通行於臺灣全國各地。《福全台諺語典》（1998）頁100收：「儉腸餒肚，儉欲過九月廿五」一條，作者徐福全教授解釋說：台中縣龍井鄉民眾，崇信林王爺殺敵衛國之聖蹟，平常省吃儉用，九月二十五日林王爺千秋之日，必定盛大慶祝。與上述大園鄉民同樣，平日克勤克儉生活，等待特定日期，盛大祭祀慶祝。可見諺語內容除時間、信仰對象不同之外，使用意義完全相似，至於孰先孰後，無法考證，至少是先民智慧結晶擴散成果，應當可以說得通。

　　「時間流通性」則舉通行諺語「刣豬公，無相請；嫁查某囝，睨大餅。」為例，說明如下。

　　傳統臺灣民間信仰，在祭典中會將豢養增肥家豬，當作重要牲禮之一，待祭禮結束之後，在場信徒鄉眾，可以分得牲體豬肉，帶回「喫平安」；有時地方望族或富貴人家，主人重要生日或喜慶，為了展示人氣排場，也會以殺豬公為名，「辦桌」宴饗出席來

恭賀賓客，待筵席結束之後，每位賓客人手一塊免費「豬公料」攜回。信仰祭禮與富貴人家宴席，都會有殺豬公活動，以示莊重熱鬧，本句諺語可能在說明後者，因為這類飲宴客人，都是主人家主動邀請，而且依照習俗慣例，不用攜帶「紅包」當做賀禮。

然而民間嫁娶風俗，也有一個不成文法，嫁女兒一方，若將喜餅，也就是諺語所說「大餅」，分送給親戚好友，拿到大餅的一家，結婚大喜當日出席婚宴，就得包「紅包」參加。一樣宴請賓客，卻有兩樣不同待遇，殺豬公請客，參加者「有吃又有掠」，吃完宴席又可攜回「豬公料」，然而參加嫁女兒婚宴，雖然事前也分到一塊大餅，事後卻要付出銀兩做回報。

這句諺語純粹是從比較角度去說話，一個有吃又有拿，一個卻吃了要付錢，待遇完全不同。其實以當時純樸移民農業社會，多數中、下生活的普羅大眾，彼此都會互相幫助度過難關，對於出錢吃大餅這種事不會太在意，只是口頭上拿來開玩笑取樂，「好空無相報，出錢阮攏有」，說說好玩，以免生活太過單調苦悶而已，何況改天自己家也要嫁女兒，可能輪到別人來說嘴了。

這句諺語很明顯，應當是反映傳統農業社會習俗，現在已經進入工商業繁忙社會，可能已經少有人懂得上述兩種宴客其中區別。現在各種生日壽宴或喜事宴客，各家有各家規矩，已經沒有「包紅包」與「不包紅包」的習慣作法。因此在「時間」流通上，這句諺語已經不像當初意涵，此點我們不能不留意。

從上面諺語有「地域限制性」與「時間流通性」兩項舉例，

只是在使用上常見問題。此外也衍生讓我們想對諺語編輯者、寫作者，有一個懇切請求。請在編寫時多做實際調查，不論鴻儒耆老或販夫走卒為對象，多請教一位就多一層證據顯示，如此編輯的諺語詞書，可信度才能增加。我們擔心長輩耆老陸續凋零，若不即早訪談，可能逐漸無人可問；另一方面也擔心，許多從未在臺灣流行的諺語，只因同為閩南語卻被滲入，其實只要多做訪查加上文獻記載對照，即可瞭解真相。我們絕非反對外來諺語輸入，而是那些假借「臺灣諺語」之名，以魚目混珠姿態到處通行，類似產品「洗產地」作法，則不是大家所樂見。

《臺灣台語俗諺鬼神紀事》一書作者王崇憲先生，現任職教育部中央團本土語文組副組長（高雄市五福國中教師借調），他於2000年考進國立中山大學中文系碩士班進修，2004年畢業時，由我指導撰寫碩士論文。這本《臺灣台語俗諺鬼神紀事》一書，即是在他碩士論文基礎上改寫而成。

該書主要內容在卷二「台語俗諺的鬼信仰紀事」，以及卷三「台語俗諺的神明信仰紀事」，將全書引用的六十條台語俗諺，詳細做了背景說明與使用意義詮釋。為了讓讀者即時掌握對書中出現的鬼、神有所認識，特別在解釋各條諺語之前，用淺顯簡易文字說明引述的鬼魂或神明傳說由來。值得一提的是，「台語俗諺鬼魂（或神明）故事」，都使用台語版與華語版兩種文字說明。這一創新體例極有實驗性意義，一來可以讓閱讀者學習台語版閱讀習慣，若有不清楚借用華語版作對照認識；二來也可以看出完全用漢字書

寫台語文，會達到什麼效果或遭遇什麼困難？對推行本土語言，正是一項很好試驗機會。

本人讀了《臺灣台語俗諺鬼神紀事》一書，覺得作者相當用心改編原始論文，借人人琅琅上口諺語使用與學習，加強對母語文化深入認識，同時熱愛這塊土地以及關懷土地上生活的所有人，這樣的情操與理想，相信是我們渡海而來先民遺傳給我們的寶貴遺產，我們要讓這份精神代代薪傳，永垂不朽。最後也寄望作者更加努力，日後能陸續出版類似書籍，為傳遞臺灣文化盡一份心力。

2023年3月於高雄陋居

諺語的經驗和智慧

國立臺南大學國語文學系教授　張惠貞

　　台語諺語存在我們生活中已有許久的歷史，是人民口頭流傳的通俗語句但含義深刻的固定語句，也是人們對生活經驗的精闢反映。如我們常掛在嘴上說的「俗話說」，或是「古早人說的」都可以充分說明諺語的歷史淵源是悠遠的。在長遠的歷史文化中，有先人們的生活經驗、智慧體悟、情感寄託等多樣面貌，諺語可以說是台灣歷史脈動的活化石。

　　諺語也可以說是依著母語而生存的民間文化，記錄下來的文字，也就形成臺灣很重要的民間文學。人民透過民間文學對於活動的紀錄，俗諺更能與生活地區情感緊密相連。澎湖、金門、台南、鹿港、南投這些地區諺語的研究，讓我們體會更多諺語與歷史脈動的緊密連結與先民的史蹟。

　　諺語廣泛的反映先民對天象與自然的奮鬥，對鬼神、宗教信仰也反映著純樸、憨厚的情感。自儒家教育哲學思想影響人對自然宇宙、鬼神信仰的人本精神，「敬天地，遠鬼神」、「天象遠、人事近」的哲理甚深，而《臺灣台語俗諺鬼神紀事》一書充分呈現先民鬼神信仰的內涵和文化現象。

　　諺語是廣聚眾人的經驗和智慧，透過諺語的流傳保存了傳統

生活習性和庶民草根性。從諺語的鬼神信仰，也呈現出常民的精神
文化內涵和社會的風土民情以及思想信仰的情感。透過《臺灣台語
俗諺鬼神紀事》一書的推廣，傳達庶民信仰，以及敬天畏天的善惡
觀，同時也藉此傳遞先民的心靈寄託和信仰的草根性情感。

鬼神活佇人間：
序王崇憲的《臺灣台語俗諺鬼神紀事》

國立臺中教育大學台灣語文學系前特聘教授兼系主任　方耀乾

　　我原初認捌的王崇憲老師是國中「國文老師」，後來發現伊對推動台語更加有熱情、更加有使命感。我和崇憲大約是佇西元2016年彼跤兜熟似，彼陣伊加入教育部中央團本土語言組，擔任團員。彼時開始阮才有真深入的互動。後來我邀請伊擔任國家教育研究院《十二年國民基本教育課程綱要國民中小學語文領域——本土語文（閩南語文）課程手冊》編修委員，伊能力好閣謙卑。最近我閣邀請伊共同來編寫《台語教材教法》（金安版）和《國小閩南語文教材教法》。伊攏非常盡責任，準時完成閣袂跳針，而且伊負責編寫的內容閣充實。

　　舊年11月崇憲共我講伊的碩士論文冊商有興趣，欲出版。我聽著真替伊歡喜。伊邀請我寫序，我無躊躇隨答應。我認為冊商真有眼光，這本冊會暢銷。有關鬼神的題材，這幾冬佇台灣真時行，特別是有關台灣本土的鬼神故事，毋但大人有興趣，青少年也真有趣味。崇憲這本冊冊名是《臺灣台語俗諺鬼神紀事》，內容正正就是咧講台灣信仰的神明和台灣生活中相關的「鬼怪」。

　　崇憲這本《臺灣台語俗諺鬼神紀事》有學術性。除了探討俗

諺語當中的鬼神，閣掘挖和台灣在地生活、文化的意義和脈絡。
有關的神明佇台語俗諺內的有：(一)自然神：雷公、土地公、三界
公、北斗南斗；(二)台語俗諺中的物神：城隍、床母、灶君；(三)
台語俗諺中的靈魂神：佛祖、玉皇大帝、註生娘娘、媽祖、大道
公。詳細閣深入。這本冊也真通俗兼有故事性。除了解釋俗諺語的
意涵以外，崇憲也將後面的故事，一个一个用雙語，台語和華語寫
出來。真正有心。

　　崇憲佇冊的結論按呢講：

　　總之，台語俗諺不僅保存了臺灣社會的文化內涵，當我們在
人生道路遇到困難，還可以提供人們另一個思考的方向來指導人
生、面對生活。本書由台語俗諺鬼神信仰紀事談起，也深入地分析
各俗諺的內容。希望台語俗諺不再只是阿公阿媽的用語，我們希望
藉由這本書，讓台語俗諺變成是可以閱讀的故事，成為可以貼近人
心，貼近情感，貼近我們生活週遭的一種活跳跳的語言紀錄。我們
邀請大家一起來努力保存臺灣的語言與文化，讓台語俗諺能在臺灣
這塊土地上釘根永流傳！

　　我想崇憲佇這冊裡有達成伊原初的設想。這本冊真精彩，我
真願意推薦。

--2023.03.24，台南永康

也著神，也著人——我讀王崇憲《臺灣台語俗諺鬼神記事》

臺中市本土語文指導員　黃文俊

　　2011年熱人我扰加入教育部中央輔導團本土語言組，初初擔任國家教育研究院籌備處（國教院的前身）各縣市本土語言輔導員培訓研習的生活輔導員，彼是我俗崇憲兄熟似的機緣，想袂到已經是十幾冬前的代誌矣。

　　彼年歇熱，崇憲兄是高雄市本土語言輔導員，佇國家教育研究院籌備處豐原院區五工培訓的過程中，伊認真學習的態度予我印象真深！另外，伊講話真趣味、佮人好鬥陣，閣會曉彈gì-tah佮「烏克麗麗」，有伊佇咧的所在，不時嘛共逐家弄甲笑哈哈！本底，我想講伊應該是阮本土語言界的「綜藝跤」。毋過，佮伊熟似愈久以後，我才知影伊是一个有毛彩嘛有內才、優秀的本土語言輔導員。

　　崇憲兄是臺灣師範大學國文系畢業的高材生，佇國中教國文已經二十外冬矣。民國八十九年閣去中山大學中文系研究所進修，提著碩士學位。最近這幾年，伊扰加入中央輔導團本土語文組，我才有機會佮伊做伙為本土語文拍拚，嘛才對伊有愈來愈深的了解。

　　崇憲兄佇擔任高雄市本土語言輔導員的階段，就扰寫過真濟

篇以俗諺為題的文章，親像〈允人較慘欠人〉是咧描寫中國歷史上
季札掛劍的故事，簡單的文筆予人讀了感覺足親切！毋過，這幾冬
來伊閣捌以台語小說、台語散文得著教育部閩客語文學獎、李江却
文學獎，這擺聽著伊欲出冊的消息，我心內一直咧期待嘛咧臆：伊
欲出小說抑是散文咧？想袂到，定定予人料想袂到的崇憲兄，又閣
予我一個驚喜，伊欲出的竟然是有人、有神、也有鬼的《臺灣台語
俗諺鬼神記事》。

　　《臺灣台語俗諺鬼神記事》是崇憲兄以伊佇中山大學中文系
研究所進修，受林慶勳教授的指導完成的碩士論文做基礎，閣再以
伊遮濟年來佇教學現場的體會，共學術性的著作，改寫做較有人味
的俗諺語專書。文俊有幸受崇憲兄交代，代先拜讀這本大作，順紲
佇遮寫幾句仔話頭。

　　咱市面上的臺灣俗諺語的著作，真濟攏是針對俗諺語的語
句、意義做解說，抑是舉例做說明的。毋過，這本《臺灣台語俗諺
鬼神記事》是以學術性的碩士論文脫胎而來，所以伊的卷一〈臺灣
諺語的文學與文化價值〉探討臺灣諺語的文學性、宗教性、文化性
佮編輯的體例；卷二〈臺灣諺語中的鬼信仰文化〉是咧探討臺灣諺
語內底的鬼魂、人佮鬼的關係；卷三〈臺灣諺語中的神明信仰文
化〉分別探討臺灣民間的神明信仰文化，包括自然神、物神、靈魂
神；落尾閣有共相關諺語的索引佮參考書目攏列出來，會使講是一
本有學術價值的臺灣俗諺專書。

　　紲咧，這本冊佇每一類的「神鬼諺語」頭前，攏會揀一句臺

灣俗諺,閣寫一篇故事,分別用台語版、華語版來呈現故事的內
容,就算是對台語閱讀無遐爾熟手的讀者,全款會當了解彼句諺語
的使用情境,了後才閣解說諺語的內容佮意義,予讀者會當理解這
句諺語的內涵。伊的體例是按呢:

神鬼傳奇諺語故事——台語版

神鬼傳奇諺語故事——華語版

台語俗諺——說神論鬼

就是向望有愈來愈濟讀者會當閱讀諺語故事了後,理解諺語
內底所存在的文化意義。閣再來,這本冊的俗諺語收集的範圍有包
括以下這幾本:

1、吳瀛濤《臺灣諺語》(1975)。

2、臺灣總督府《臺灣俚諺集覽》(1977)。

3、徐福全《福全台諺語典》(1998)。

4、陳憲國、邱文錫《實用台灣諺語典》(1999)。

5、陳主顯《台灣俗諺語典(一)~(七)》(2003)。

6、楊青矗《台灣俗語辭典》(2001)。

會使講參考真濟有代表性的臺灣諺語來討論佮說明,嘛會當
成做一本實用性佮通俗性兼備的俗語故事冊。

這本《臺灣台語俗諺鬼神記事》表面上是咧講佮鬼、神有關
的俗諺語,其實是咧講咱「人」佇世俗的人世間按怎生存的人生智
慧。佇體例上,伊是一本有學術價值的臺灣俗諺參考冊;佇人生的
道路,伊是一本教咱佇生活中看破人生的哲學指引。感謝崇憲兄的

用心，予咱閣有一本遮爾有意義的冊通好閱讀！佇遮嘛祝福崇憲兄有一就有兩、有兩就有三，大作一本紲一本，予咱的台語文壇光焱焱！

2023/04/05黃文俊佇古大墩犁頭店

人生的劇本無法度偷看——自序

王崇憲

出版這本冊，本成嘛無寫佇我人生的劇本內底……。

舊年接著一通電話，講是欲共我往擺所寫的碩士論文出版做冊，我聽完了後，想講敢會是詐騙？「註生娘媽毋敢食無囝油飯」，敢有遮好空的代誌？後來斟酌聽伊講、勻聊仔討論了後，才知影真正是東販出版社的編輯對這本冊內底的鬼神俗諺有興趣，想欲出版。

天公伯共我人生的劇本寫甲足成小說的，佇咧想袂到的時間點，出現不可思議的人，欲佇現此時出版一本過去就已經寫好的冊。

民國八十九年我入去中山大學讀中文研究所，因為彼段期間拄仔好是母語復興的大時代，我有參加誠濟「鄉土語言」的研習，嘛受著濟濟賢輩的啟發，決心欲將家己的母語揣轉來，我就決定欲寫佮台語相關的論文。雖然彼个時陣台語文的研究閣無予人誠重視，國文老師去研究台語文，絕對毋是主流的研究題目，毋過我無想欲管汰社會的看法，我干焦想欲做家己想欲做的代誌，所致我就去拜託當時的林慶勳老師收我做研究生，尾仔才查查仔確定家己想欲行「臺灣閩南諺語的鬼神文化研究」這條路。

　　袂記得家己用偌濟暗暝咧搜揣資料矣！彼陣，日時仔愛「先顧腹肚」去上班，暗時仔拚暝工「才顧佛祖」，論文才會有進度。彼段辛苦的日子，這馬嘛只賰一寡仔無完整的畫面爾爾，其他的，攏轉化做論文內底的文字矣。人講「水鬼做久升城隍」，這本論文恬恬囥佇國家圖書館遐爾濟冬，想袂到因為舊年台南美術館的「地獄展」，予誠濟人心肝頭開始擽擽，想欲「假鬼假怪」；連「變鬼變怪」的人親像嘛變濟矣，毋才會出版社想欲出版這冊，予閣較濟人會當認捌咱台語俗諺內底的鬼神紀事。

　　提著碩士學位了後，我就一直行佇「復興母語路」，我毋知影未來會當完成啥物成果，因為未來的劇本我這馬無法度偷看，我所會當做的，就是便若佮母語復興有相關的代誌，我攏願意試看覓咧。像這本冊，我就是以台語俗諺為主，共俗諺編入去故事內底，因為我知影大人囡仔攏愛看故事，而且我閣寫「台語、華語」的雙語版本，予大人囡仔攏看有，閣會當那看台語俗諺故事，那學台語，用按呢來學台語，敢毋是誠婿氣？佇俗諺後面我就共過去論文所寫的內容，用較通俗的話語來「說神論鬼」，解釋遮的俗諺後面所存在的文學、文化意義，予讀者會當對俗諺語有更加深入的了解。我想，若有愈濟人了解俗諺的價值，咱的台語俗諺就愈有機會生湠落去。

　　會當完成這本冊，我愛感謝我的老爸老母，因為個佇生活中定定講著足濟俗諺語，予我對俗諺語有誠深的情感，我才會想欲研究。我嘛愛感謝阮牽的，「一个某，較好三身佛祖」，我不管時攏

守佇電腦頭前拍字，感謝伊的體諒，鬥處理足濟厝裡的工課，比佛祖閣較靈聖，予我有氣力完成這本冊。我閣愛感謝佇母語路上一直牽教我的老師佮有志，「小鬼袂堪得大百金」，若無逐家的鼓勵牽成，我家己嘛無才調出冊。

愛感謝的人遐爾濟，我想，我就用「謝天謝神」來代替！

2023/4/16高雄

前言

　　「先顧腹肚，才顧佛祖」，要先將自己照顧好，才有能力兼顧到其他的事。這是今天和阿母聊天時，阿母隨口所說的一句台語俗諺。

　　台語俗諺是庶民生活中經常使用到的的語言內容，臺灣人應知臺灣事，臺灣人更應知道台語俗諺，因為這是曾經生活在臺灣這塊土地的先民們，所留給後代子孫的文化遺產，這樣珍貴的文化寶藏，不應該被埋沒或遺忘，基於這樣的認知，本書決定以「臺灣台語俗諺」為主體，並將台語俗諺融入「台、華語鬼神故事」中，讓讀者能「聽講俗諺、閱讀故事」。

　　本書所寫的「臺灣台語俗諺」，主要是指在臺灣使用的「台語諺語（閩南語諺語）」，不包含客語諺語或是原住民族諺語、馬祖（閩東）諺語等。

　　本書選擇臺灣台語俗諺中所包含的「鬼神文化紀事」來加以深入探討，希望藉由這個主題，進一步明瞭台語俗諺中所存在的鬼神宗教文化事蹟，並由俗諺的文學性與宗教文化性等方面來加以詮釋。

　　在台語俗諺出現的各種「鬼」，有小鬼、錢鬼、枵鬼、水鬼

等，台語俗諺也有談到「人鬼關係、鬼作祟人間」等，都是本書討論的內容。

在「神明」信仰方面，臺灣民間信仰的神明繁多，出現在台語俗諺中的神明為數不少，如玉皇大帝、土地公、三界公、媽祖、大道公……等，其內容非常龐雜。

「紀事」是記載事情、事蹟的一種體例。本書在每一種類的「鬼神俗諺」前面，都會挑選一句台語俗諺融入一則小故事中，並分別用台語版、華語版來呈現故事的內容，讓讀者更能了解本句台語俗諺的使用情境或曾發生的故事，其後再解釋台語俗諺的內容及意義，使讀者能深入理解此俗諺的內涵。寫作體例如下：

神鬼傳奇諺語故事——台語版

神鬼傳奇諺語故事——華語版

台語俗諺——說神論鬼

本書原是以林慶勳教授所指導筆者的研究論文：「臺灣閩南諺語鬼神文化研究」為底本，再將內文修正為適合大眾閱讀的版本，針對台語俗諺中的神鬼文化內涵加以說明闡釋，也請讀者能盡情閱讀本書為您精心準備的俗諺故事，並理解俗諺背後所記錄的文化事蹟。

凡例

一、本書語料蒐集範圍

　　本書所列舉之台語俗諺，乃揀選自以下幾本台語俗諺專著。本書以地毯式搜索的方式，在這幾本書籍中，挑選所有與鬼神相關之俗諺，並將所有俗諺分類，且選擇同一分類中之較具代表性的台語俗諺來加以討論說明。

　　俗諺專書分別是：

1、吳瀛濤《臺灣諺語》（1975），下文簡稱《吳諺》。

2、臺灣總督府《臺灣俚諺集覽》（1977），下文簡稱《集覽》。

3、徐福全《福全台諺語典》（1998），下文簡稱《徐諺》。

4、陳憲國、邱文錫《實用台灣諺語典》（1999），下文簡稱《諺典》。

5、陳主顯《台灣俗諺語典（一）～（七）》（2003），下文簡稱《陳諺》。

6、楊青矗《台灣俗語辭典》（2001），下文簡稱《俗典》。

　　本書主要是以上述書籍為底本，當然也旁及少許其他與台語俗諺相關的專著或是期刊論文等與鬼神相關的台語俗諺。

二、本書用語用字凡例

1、本書所列之台語俗諺中所牽涉之臺灣閩南語用字,皆以民
國九十五年教育部公告之「臺灣閩南語羅馬字拼音方案」
為主。每則俗諺先寫出其用字,其後附以臺羅拼音,再將
此俗諺的內容大意略做分析,使其意義能清楚表達。

2、若遇到俗諺書中使用之台語俗諺用語用字與「臺灣閩南語
羅馬字拼音方案、臺灣閩南語常用詞辭典」不同者,則以
教育部推薦用字來書寫,其後再附上俗諺書中收錄之原俗
諺用字,供讀者參考。

目錄

卷一・台語俗諺的文學性與宗教性

卷二・台語俗諺的鬼信仰紀事

QR碼小叮嚀：ios系統在掃描QR碼後，若無法直接播放音檔，請按「下載鍵」然後選擇「檢視」即可線上聽取音檔。

卷一

台語俗諺的
文學性與宗教性

一、俗諺的定義及特性

　　想要了解俗諺（又稱俗語、諺語、俗諺語），必然會碰到許多相類、相近的概念，諸如：熟語、成語、格言、歇後語、慣用語等等。這些概念似同而異，其實成語、格言、歇後語、慣用語這些概念，都是統屬「熟語」這個概念之下。熟語，是指語言中「定型的詞組或句子」，俗諺因為是一種通俗而含義深刻的「固定語句」，所以學術上是歸屬於「熟語學」的研究範疇。

　　由過去的研究來看，學者對俗諺的內容，多半注重在它的經驗性、教示性，這是俗諺與其他語用最大的相異點，陳昌閔在《台灣閩南諺語之社會教化功能研究》（2000）則將臺灣研究俗諺的成果整理後，對俗諺歸納出以下的構成要件：

　　1、來源：大眾社會與生活經驗累積的智慧結晶。

　　2、傳播方式：民眾間口耳相傳。

　　3、形式：精闢簡練而通俗的韻語或短句。

　　4、內涵：雅俗共賞的民族生活觀照、感受、價值觀與風土民情的呈現。

　　5、功能：具有社會公道的議論、勸善、補過、警世與勸俗的功能，以及傳授經驗智識和教訓勸戒的作用，而可作為人群行為與社會公斷的準則。

　　林寬明在《台灣諺語的語言研究》（1995）中，還提出了「特性矩陣」（feature matrix）的方式，重新定義台語俗諺。他

以圖示的方式,根據俗諺、成語、格言、歇後語、歌謠等用語的不同特性與屬性,分別舉出:完整性、傳統性、教示性、一般性、口說性與娛樂性等諸類特性,以供檢驗,而這樣的方式也不失為是檢驗俗諺的一個系統性的方法。而筆者參酌的諸位學者對這些語用概念的解說,除將幾個重要的特性放入「特性矩陣」中來做為檢驗標準,另外還加入音樂性、定型性、書面性等特性以供檢驗,期使此「特性矩陣」能更加完備。

		俗諺	成語	格言	歇後語	歌謠
林寬明	完整性	+	+／-	+	+／-	+
	傳統性	+	+	-	+	+／-
	教示性	+	+／-	+	-	+／-
	一般性	+	+／-	+	+	+／-
	口說性	+	+	+	+	-
	娛樂性	-	-	-	+	+
筆者	音樂性	-				+
	定型性	+／-	+		+／-	+／-
	書面性	+／-	+	+	+／-	

此圖示中,「+」記號代表該用語具有該項特性,「-」記號代表該用語缺少該項特性;而「+／-」記號代表該用語中只有部分具有該項特性。因此,我們可以由上圖得知,台語俗諺具有完整、傳統性、教示性、一般性、口說性,而能與成語、格言、歇

後語與歌謠有所區別。由上圖，我們也可看出俗諺的娛樂性則不如歇後語與歌謠，這也是這幾種用語之間明顯相異之處。

就筆者提出的幾個檢核點而言：

在音樂性方面，歌謠可唱，音樂性當然比其他各項強。

在定型性方面，俗諺、成語、格言都屬於熟語，定型性較強，歇後語與歌謠有時會有些許的用字變化，定型性相對較弱。

就書面性來說，成語與格言多出現在書寫文字中，書面性較強，俗諺、歇後語多出現在口頭語中，有時也可以在書面中運用。

由以上各種特性來看，若我們根據此表來檢視俗諺與其他熟語、用語的不同，相信在內容、定義與形式上，就可以有較為明確的檢驗標準。

二、台語俗諺具文學宗教性

我們常在電視上看到名嘴講得「喙角全泡」，說「某某人伊是『枵鬼假細膩』啦，明明就很想要這個職位，但卻表現得一點兒都不在乎！真的是『枵鬼假細膩』啦！」臺灣人把做人虛偽、不夠大方的情境，用一句台語俗諺「枵鬼假細膩」，就能把這種樣態表現得十分傳神。這種在民間流傳的語用及文字使用，其實就是一種極具文學性的暗喻手法，由此我們可以看到台語俗諺所呈現的文學性。

俗諺的研究雖然不像其他主流文學作品那麼受到重視，但在

今日，俗諺的研究已由過去「文辭鄙俚」之學，轉而被當做是「民間文學」來進行研究，同時俗諺也被語言學學者當成研究對象來加以深入討論，例如「社會語言學」、「文化語言學」、「熟語學」等語言學領域，都已將俗諺納入其研究範圍。所以我們可以肯定地說，俗諺已經一步一步走向它應有的學術及文學地位了。

　　民間文學包含了俗諺、謎語、神話、傳說、寓言、童話、笑話、趣事、歌謠等。民間文學是一種語言藝術形象的表達，並且與民眾的生活及思想息息相關，也是民眾知識與情感表達的形式之一。舉凡社會的價值觀、信仰道德和風俗民情等民俗文化內涵，都可以由民間文學來完成紀錄與經驗傳承。若用上述的特性來衡量台語俗諺，我們也可以確定，台語俗諺的確是民間文學的一部分，流行於民間，並且是大眾所嗜好、喜悅的語用內容，台語俗諺本身就是一種文學藝術品，講究優雅的語言旋律，而且蘊含了社會的價值觀、道德觀、宗教觀、風俗民情等民俗文化事蹟在其中。目前臺灣的俗諺研究者愈來愈多，例如徐福全、陳憲國、邱文錫、楊青矗、陳主顯、蕭藤村等，可見其重要性。

　　台語俗諺的內容包羅萬象，本書則特別著重在發掘台語俗諺中所隱含的宗教文化成分。在臺灣，民間宗教對於一般大眾的生活，有相當大的影響力，無論是生老病死、無論婚喪喜慶，都可以見到民間宗教作用於其中，可以說民間宗教早就融入臺灣人民生活中，成為生活的一部分了。民間宗教是以「鬼神信仰」為基礎，再融合儒、釋、道三家的思想，並且以各種儀式來完成實際的運作。

所以「鬼神信仰」在民間宗教中，實是扮演十分重要的角色，可以說「鬼神信仰」就是民間信仰的根本，民間宗教的所有觀念與儀式幾乎都是以鬼神為主體來進行。台語俗諺既是民間文學的一部分，民間的宗教觀念、鬼神信仰等，當然也會藉著各種管道滲入台語俗諺之中，成為台語俗諺的成分內容，這是民眾傳達知識觀念的方式之一，也是民間文學能夠在社會大眾之間流傳的途徑，因此台語俗諺具有文學性及宗教文化性，也是必然的結果。

卷二

台語俗諺的
鬼信仰紀事

一、臺灣民間的鬼信仰文化

「西洋人怕鬼，臺灣人也怕鬼！」「鬼從哪裡來的啦？？？」怕怕啦！想知道「鬼」的由來及事蹟嗎？來，讓我們繼續看下去！

按照近代西方宗教學的奠基人之一愛德華‧泰勒的「萬物有靈論」，靈魂觀念是整個宗教信仰的發端和賴以生存的基礎，是全部宗教意識的核心內容（呂大吉，1993）。靈魂觀念普遍出現在世界各民族之中，不同的靈魂觀就會有相異的宗教文化觀點。

靈魂觀念從何時開始？根據史前考古學家所發現的「智人」墓地隨葬品與死者安放的方向位置，推斷出在中國，這種靈魂觀念，是原始人類進化到一定階段，約在舊石器時代的中期或晚期才產生的（呂大吉，1993）。

有了靈魂觀念，原始人類便將這種觀念類推到自然界，於是產生了各種自然物靈魂，如山、水、木、石或動物等所演變成的精靈妖怪。鬼魂觀念則由靈魂觀念分化出來，成為與自然物靈魂相區別的一種特殊靈魂。賴亞生（1993）認為：「這是人類文化不斷進化，特別是人類對自身認識不斷深化的結果。因為當人類的經驗、知識發展到可以覺察人與自然界不同的時候，必然出現物魂與人魂、物鬼的區別。」

隨著鬼魂觀念的逐漸發展，鬼被人劃分為兩種類型：惡鬼與善鬼。

　　惡鬼被認為經常在人間作祟為害，古代稱為「厲」。善鬼則能保護在世的人，由這個觀點，進一步發展出祖先崇拜（賴亞生，1993）。與自己有血緣關係者，為家鬼，經過祭祀後則成為祖先、祖靈。祂們能驅惡鬼、保佑家人安康（張勁松，1993）。至於惡鬼，由於祂們會危害活人，所以必須舉行「大儺」來驅趕厲鬼；或是用「祭厲」來懷柔這些惡鬼（呂理政，1994）。目前的傀儡戲與普渡祭鬼的儀式或許就是傳統大儺與祭厲的遺風。

　　以上是本書「鬼」的理論脈絡，總結以上論點，我們可由此簡表圖示：

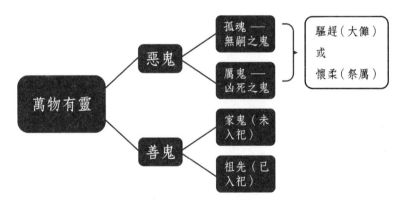

　　要討論臺灣民間鬼信仰的形成源起，就要追溯到整個漢民族宗教信仰的源頭。因為臺灣現今所發展出來的獨特民間宗教文化，正是由臺灣先民傳承漢民族的宗教文化，進而在這美麗之島臺灣傳布、衍化而來的。

　　當先民由混沌愚昧的狀態中，逐漸發展出文化，藉由文字的

記錄，「鬼」的觀念也屢見於載籍中。我們可以由一些古籍上的記載，觀察到古代鬼信仰的演變。我們漢文化當中對鬼的觀念，依照古籍所記載大致有以下的說法：

《禮記‧祭法》：人死了叫做鬼。

《禮記‧祭義》：眾人都會死，死了必定回歸大地，稱之為鬼。

所以，人死通稱為鬼，而凶死者為厲，若鬼有所歸，則不為厲。人死了就歸為鬼，鬼的理想歸宿應該是當一個接受持續祭祀的「祖先」。這樣的說法，是長久以來漢文化對「鬼」認知的大概。

臺灣先民橫渡黑水溝到臺灣來闢荒開墾，這些人大多是由閩、廣等地移居而來，他們在觀念上，也必然繼承了整個漢文化的信仰系統，臺灣漢人便在此系統架構下，漸次發展出一套臺灣自己的信仰文化。

在臺灣民間信仰中，「鬼」此一形而上的觀念，其內容及含義甚廣。董芳苑（1996）將其分為：「祖先、亡靈、妖魔、精怪、邪神、遊魂、離魂。」「若細加分類，則不出『孤魂』、『野鬼』、『厲鬼』、與『精怪』四類」（董芳苑，1986）。

洪惟仁（1986）則舉出了民間信仰中所可聽聞到的鬼，其種類繁多，不勝枚舉，如：「遊路散鬼、小頭鬼、客死鬼、石榴鬼、黃頭鬼、老母鬼、少婦鬼、少女鬼、少男不合鬼、無厝家鬼、乞食鬼、無嗣鬼、和尚鬼、愛哭鬼、枉死鬼、瘟疫鬼、有應公、魔神仔……等」

　　這些民間信仰中各種的鬼，往往與人們的生活有相當關聯。人們因為要趨吉避凶，所以會產生各種的禁忌、儀式來配合這樣的需求，生活上也必定會受這些鬼信仰的影響，民間農曆七月諸事不宜的觀念，就是最好的例證。而這種深入人心的鬼信仰觀念，也必然會滲入俗諺之中，而成為台語俗諺的重要內涵之一。

　　民間多樣且繁複的信仰，在臺灣人的生活中，佔有非常重要的地位。無論生、老、病、死，人們在宗教中找到依靠；藉著宗教，人們的心靈得到安慰。正因為宗教已經融入臺灣人的生命中，成為生活的一部分，所以宗教自然而然的成為俗諺所使用的素材，也是台語俗諺中表情達意的重要成分。我們在俗諺中，可以發掘到臺灣民間深層的宗教文化意涵，「鬼信仰文化」就是其中一項值得探討的議題！

　　我們可以這麼說：「鬼信仰文化」屬於「民間信仰」的一環，它是指臺灣民間對「鬼」的觀念與看法，及因此而產生的各種信仰文化或習俗。

　　本卷將台語俗諺中所包涵的「鬼信仰文化」抽離出來，分析並歸納紀錄臺灣宗教文化中「鬼」的樣貌，以探求臺灣「鬼信仰」的重要內容。就像鄭志明在〈從臺灣俗諺談傳統社會的宗教思想〉（1986）一文中所說的：「研究傳統社會的宗教思想必須借用俗文化的材料，最好的素材就是通俗的俗諺」。這是一種還原的工作，本書希望藉由這些台語俗諺中的文化線索，還原出臺灣人心目中的「鬼文化」。

　　俗諺中蘊含有豐富的文化線索以及深刻的文化內涵，且俗諺中保存全民共有的宇宙觀、社會觀、人生觀與價值觀，這是俗諺經由口語相傳，所留給後世子孫的珍貴文化遺產。如何在俗諺中尋找留存於其中的文化紀錄，乃是現代臺灣民間文學重要課題之一。

二、台語俗諺中的鬼

神鬼傳奇諺語故事——台語版
你鬼我閻羅

小華
> 老師～～，老師
> 我無想欲寫作業，寫彼無路用。

老師
> 你若無寫作業，哪會知影有路用無？

小華
> 彼作業傷歹寫矣啦……

老師
> 袂啦，你有上課就會曉寫矣啦！

小華
> 我無佮意寫作業。

老師
> 袂啊，老師足佮意出作業的啊！

小華
> 我無抄著今仔日的作業。

老師
> 無要緊，我有翕起來，我傳予你……。

小華
> ……

老師
敢有看著？

小華
老師，我頭刚咧疼，今仔日無法
度寫作業。

老師
按呢喔，好，按呢你明仔載來
學校的時陣，下課來我的辦公
室寫嘛會使，我陪你寫。

小華
老師，我這馬腹肚足痛的，明
仔載我欲請假。

老師
好，無要緊。你好好仔歇睏，
老師會佮恁阿爸阿母聯絡，我
明仔載下班會去恁兜看你。

小華
啥……啥物，來阮兜？！

老師
著啊，老師去共你關心啊。

小華
老師～～，我有較好一點矣。
我這馬欲去寫作業矣。

老師
按呢喔，乖囡仔，好。你若歇
睏有夠矣才去寫作業喔。

老師心內的OS：

嘿嘿嘿！啥物疑難雜症我無處理過？你有你的理由，我有
我的對策，「一山懸過一山」、「你鬼我閻羅啦」，哈哈
哈哈！

神鬼傳奇諺語故事——華語版
你鬼我閻羅

小華
老師～～，老師
我不想寫作業，寫那個沒用。

老師
你沒有寫作業，怎麼知道有沒有用？

小華
那個作業太難寫了啦……

老師
不會啦，有上課就會寫了啦！

小華
我討厭寫作業。

老師
不會啊，老師很喜歡出作業啊！

小華
我沒有抄到今天的作業。

老師
沒關係我有拍起來，我傳給你……。

小華
……

老師
有看到嗎？

小華
老師我頭痛，
今天沒辦法寫作業。

老師

這樣啊，好，那你明天來學校的時候，下課來我辦公室寫也可以，我陪你寫。

小華

老師我現在肚子很痛，明天要請假。

老師

好的，沒關係。你好好休息，老師會跟你爸爸媽媽聯絡，我明天下班會去你們家看你。

小華

什……什麼，來我家？！

老師

對啊，老師去關心你啊。

小華

老師～～，我有好一點了。我現在要去寫作業了。

老師

這樣啊，乖孩子。好的。你休息夠了再寫作業哦。

老師心裡的OS：

嘿嘿嘿！什麼疑難雜症我沒處理過？你有你的理由，我有我的對策，「一山還有一山高」、「你鬼我閻羅啦」，哈哈哈哈！

台語俗諺——説神論鬼

　　鬼王就是俗稱的閻羅王，民間傳說，閻羅王專管眾小鬼。從道教的普渡法事所懸掛的地獄圖表來看，陰府的帝王就是「東嶽大帝」，祂的屬下即是坐鎮於十殿的十位「閻羅王」，由他們統治十八個刑罰罪魂的地獄。另外民間道教也有另外一種信仰，就是以「酆都大帝」為陰曹帝王，這地獄是在中國四川忠州的酆都山區巨岩之下。而且十殿閻羅所管理的地獄有一百三十八個之多，非只十八個而已（董芳苑，1996）。

　　劉還月（1996）另外還舉出了民間傳說的鬼王——「大士爺」。大士爺相傳是由唐朝大學士林姜陽所化，他是聽命於觀世音菩薩來管理眾鬼。

　　大士爺的基本造型，除了雙眼突出，口吐火舌之外，更具有「青面獠牙、生毛帶角」的特徵，而這些都是民間形容兇惡之人或者惡鬼遊魂的形容詞，全部集中在大士爺身上，更凸顯了祂的「鬼王」身分。

　　另外，林美容亦將城隍列為「鬼王」，她認為城隍廟雖不祀孤魂，卻與鬼魂的信仰相關，城隍廟中所祀的城隍爺，如同陽間法官，能審判陰魂功過，也是「鬼王」。

　　此外，民間也有將「鍾馗」稱為「鬼王」的。林茂賢《臺灣民俗記事》書中（1999）就記載了：民間習俗相信鍾馗是鬼王，具備能夠鎮壓鬼魂的法力。

　　由此可見民間所稱的「鬼王」，其名稱各異，其職掌也就有所差別。總之，祂們都是在管理眾鬼的。既然諸「鬼王」是在管理眾鬼，小鬼理應對「鬼王」忌憚三分才對。但台語俗諺中卻將兩者並列，說「小鬼」不服「鬼王」。其實，這是使用了映襯手法，使兩者之間的衝突性加增，讓這些俗諺使用起來，更具有諷喻效果，台語俗諺中常舉「閻羅王」與「小鬼」來做對比，即要凸顯兩者的差異，通常目的是要形容下屬對上司不當的行為或冒犯之處，或是人與人之間相處爾虞我詐的情形。

　　至於伴隨「鬼王、閻羅王」而來的「地獄」觀念與信仰，是佛教傳入中國後，與道教信仰結合之後的綜合體。不只是地獄觀念有所差別，就連地獄的主宰者「閻羅王」，也有宗教上的差異。儘管有這些不同，但經由佛道教之間的相互融合與交流，民間也自有一套詮釋系統來解釋與敬拜閻羅王。台語俗諺吸收了這些觀念，亦將之反映在生活使用的俗諺之中，我們從其中可以窺見民間文化的部分內容。以下舉出幾個台語俗諺的例子：

1、你鬼我閻羅。（《諺典》，頁272）
Lí kuí guá Giâm-lô.

　　這句話主要是形容人與人之間相處的不信任感。你若是鬼，我就是閻羅王。閻羅王比小鬼厲害，不怕小鬼耍奸弄巧，亂施詭計。這句俗諺也可以形容「一山還有一山高」的情形，若你是如「小鬼」般的作怪，我就是「閻羅王」，自有辦法剋制你。

　　與之相似的有俗諺有：「你鬼我閻羅王。」（《俗典》）

　　此句俗諺尤其可以用在上司與部屬之間。古來君臣乃五倫之一，古人十分注重君臣之間的分際。現代人當然不必事事與古人相同，只不過在職場上，上司與部屬之間，除了相互之間的尊重之外，還有彼此之間責任的歸屬。若是上司與部屬之間互不信任，上司有這種「你鬼我閻羅」的心態，處處監視部屬，部屬也時時提防上司，如此的工作環境必定無法令人有歸屬感。與其如此猜忌，不如上司充分授權，充分信任，再依照各人職務來檢驗工作成效，如此或許可以營造一個較為良好的工作環境。

2、鬼仔騙鬼王。（《諺典》，頁412）
Kuí-á phiàn kuí-ông.

　　根據《實用臺灣諺語典》的解釋，鬼仔騙鬼王是說下屬欺騙

頭頂上司（陳憲國、邱文錫，1999）。

　　這裡的鬼王是指閻王。此句比起上句「你鬼我閻羅」而言，是較為嚴重的！上句是在一種不信任的狀態下所呈現出的猜忌關係，而此句俗諺已是下屬存心欺瞞上司，因此才引發這樣的不滿言詞。

　　我們若深思其中所隱含的意義，可以發現到，舊時臺灣勞資雙方是處於一種不平等的狀態：資方大多是站在剝削、控制的立場來對待工人，一如傳說中的閻羅王控制祂手下的「小鬼」一樣。小鬼對閻王不得有所違背，更不用說是「騙」閻王了，若是有哪個小鬼敢違背閻王的旨意，必定會受到嚴厲的處罰。而資方如同閻王，勞方有如小鬼，小鬼如何騙得了鬼王？舊時臺灣社會，上至政府，下至平民百姓，也是處在一種階級意識頗深的社會環境，若是有在下位者，膽敢不聽上位者的話，常會受到不公平的待遇。若是在一個民主公平的社會，應不致於會產生這種具有階級觀念的俗諺。藉由此句台語俗諺，或許可以約略明瞭以往百姓所受到的不平等境遇！

3、鬼仔摸閻羅王尻川。（《諺典》，頁411）
　　Kuí-á bong Giâm-lô-ông kha-tshng.

　　這句俗諺是說小鬼竟然敢去摸閻羅王的屁股，比喻人膽子大，連頂頭上司都敢去招惹（陳憲國、邱文錫，1999）。

徐福全《福全台諺語典》（1998）則收錄為歇後語形式：
「鬼摸閻羅王尻川——大膽」。本書在卷三城隍一節，解釋一則俗
諺：「城隍爺的頭殼，你也敢挲。」與本諺亦頗為相似，都是在說
小人物冒犯上級長官或是單位主管。

4、閻羅王出召單。（《諺典》，頁624）
Giâm-lô-ông tshut tiàu-tuann.

召單即召集令，等於是死亡通知單。民間傳說，註生娘娘管
人生，閻羅王管人死，閻王一出召單，小鬼就會來捉人，人就一命
嗚呼。用來說明命中該絕（陳憲國、邱文錫，1999）。

閻羅王在佛、道教中的代表人物與神祇各有不同，楊秀麗
〈從「十殿閻王圖」看古代地獄觀念之構成〉（2001）一文中有
詳細之考證，據楊氏的說法，可整理為下列內容：

（1）佛教對閻羅王的解釋：

a、閻羅王是印度佛教傳說中的冥界主神，最初被視為夜摩神
（Yama），在印度「吠陀」（Veda）時代已有死神之名。除了
閻羅王外，他還有閻魔王、夜摩、焰摩、琰摩、剡魔等不同名號，
是印度鬼世界的始祖和地獄的總司令。

b、地藏菩薩憑藉悲願力救度一切眾生，特別是對地獄中的罪
苦眾生特別慈悲。他以閻羅王身、地獄身等形象，廣泛地向罪苦眾
生說法，以教化並拯救他們，因此閻羅王又被認為是地藏菩薩化

身。在傳統民間信仰中，地獄思想深受佛教和道教的影響，尤其是
《地藏菩薩本願經》的影響最深。地獄的最高主宰被認為是地藏王
菩薩，被稱為「幽冥教主」，並統轄著十殿閻羅王。

（2）道教對閻羅王的解釋：

a、自古以來，中國的五嶽山中，以泰山為首，其他四嶽包括
華山、衡山、恆山和嵩山共同守護著山河大地。但在後來的傳說
中，泰山變成了地獄的冥神。

b、從漢代以來的泰山府君到後來的九壘三十六土皇，酆都北
陰大地出現後，泰山成為了道教體系中地獄冥界的最高主宰。

由上所述，我們可以得知，在佛教中閻羅王本來是印度「吠
陀」時代的夜摩神，傳入中國之後，逐漸演變為「地藏菩薩」示現
「閻羅王」身的說法。至於道教，原來就有北方泰山的「泰山府
君」主冥的說法，後來又出現了南方四川酆都「北陰大帝」，即是
酆都大帝，這些都是閻羅王在漢人宗教信仰中所流傳的各種不同的
代表神祇與名稱。至於閻羅王所管的十八層地獄，按《十八泥梨
經》所載，地獄有十八；臺灣道教的是「十殿閻羅」的地獄。不
論那一類地獄，「地獄」總是象徵著罪孽、報應、痛苦、絕望。
當然，它也是渴望解脫、救渡、超生的記號（陳主顯（一），
2001）。到後來，民間流行最廣的說法是「十殿地獄」，這是融
合了佛、道教的地獄觀，所演化出來的地獄思想。無論如何，地獄
觀念是有其道德教化功能存在，佛、道教藉著這種地獄的思想來教

化大眾，並使得「因果輪迴、善惡報應」的觀念深入人心。而台語俗諺承襲了這樣的觀念，並將之運用在生活俗諺之中，在民間社會更發揮了警世勸善的功用。

總之，「鬼王」在民間的形象頗多，整理文獻後大約有下面幾種：

（1）東嶽大帝（2）酆都大帝（3）大士爺（4）城隍（5）鍾馗（6）夜摩神（7）地藏菩薩……等。

台語俗諺認為能為人上司者必定有其過人之處，才能成為他人之領導者，若是有下屬者不服，想要製造事端，欺上瞞下，甚或是攻詰上司，「鬼仔摸閻羅王尻川」的結果，可能會是「你鬼我閻羅」，終究難逃在上位者的制裁，也就是「小鬼」終究難逃「閻羅王」的手掌心，台語俗諺以「小鬼」與「閻羅王」的對比，可用來描述職場中上司與下屬的關係，也讓我們在現在的工作職場中有所借鏡。而若是天命已到，「閻羅王出召單」，就是任大羅天仙也無力挽回了。這些台語俗諺，用一句話就可以將人情事故中的轉折，以直接、間接的方式表達出來，這也是台語俗諺深刻內涵的表現。

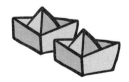

神鬼傳奇諺語故事──台語版
鍾馗治小鬼

　　鍾馗（Tsiong-kuî），傳說中伊是唐朝的進士，生做不止仔穤（bái）。聽講佇唐朝開元年間，唐玄宗有一改對驪山回宮了後，身體無啥爽快，太醫醫治個外月，攏無效果……。有一工暝時，玄宗發燒，佇昏昏沉沉當中睏去矣，伊夢著兩隻鬼，一个大一个細。

　　彼个小鬼仔伊穿紅色的衫，伊的鼻仔看起來就敢若牛的鼻仔全款，一跤是褪赤跤，干焦一跤有穿鞋仔，手提一枝紙扇，伊毋但走去偷提貴妃的繡芳包佮玄宗的玉篘仔，彼个小鬼仔閣佇宮殿按呢從來踅去，足揤的。另外一个大鬼，頭戴帽仔，身穿青衫，有一手無穿衫，毋過伊的跤是用牛皮來包牢的。大鬼的手一伸出去就共小鬼仔掠起來，閣共小鬼仔的目睭挖出來，一喙就共小鬼食掉矣！

　　玄宗就大聲問彼个大鬼：「你是啥物人？」

　　大鬼講：「我是鍾馗，我就是彼个參加武舉考試無予人錄取的人，我欲佮陛下共同消滅天下的妖孽……。」

　　玄宗夢醒了後，感覺伊的病若親像有較好一點矣，後來，玄宗的病竟然就好離離矣。玄宗就緊叫畫工吳道子來，共這個夢講予

吳道子聽，閣叫伊共夢境內底的鍾馗畫出來，唐玄宗尾仔閣昭告天下，予所有的人攏知影這件代誌。

所致，「鍾馗治小鬼」這个故事佮俗諺就按呢淀開矣⋯⋯。

神鬼傳奇諺語故事——華語版
鍾馗治小鬼

　　鍾馗，傳說他是唐朝的進士，長得非常醜。據說唐朝開元年間，唐玄宗有一次從驪山回宮，身體不太舒服，太醫醫治了一個多月，都沒有效⋯⋯。有一天晚上，玄宗高燒不退，在昏昏沉沉中入睡，他夢到兩隻鬼，一個大一個小。

　　那個小鬼穿紅色衣服，它的鼻仔像牛鼻子一樣，還光著一隻腳，只穿一隻鞋，拿著一把紙扇，不只是去偷拿貴妃的繡香囊和玄宗的玉笛，它還繞著宮殿跑來跑去，非常沒規矩。另外一個大鬼戴著帽仔，穿藍裳，袒露一隻手臂，用皮革包著腳。他一伸手就抓住小鬼，挖出小鬼的眼睛，一口把小鬼吃掉了。

　　玄宗就大聲問那個大鬼說：「你是誰？」

　　大鬼回答說：「臣是鍾馗，就是那個參加武舉考試沒有被錄取的人，我要和陛下共同剷除天下的妖孽⋯⋯。」

　　玄宗夢醒後，覺得病好像有比較好一點了，之後，玄宗的病竟然就痊癒了。於是玄宗就叫畫工吳道子來，把這個夢告訴他，要

吳道子把夢境中的鍾馗畫出來。還昭告天下，讓所有人都知道這件事。

　　於是「鍾馗治小鬼」這樣的故事與俗諺就傳開來了……。

台語俗諺──說神論鬼

　　其實啊，大家在故事中看到的，還有在平時聽到的「小鬼」是一種泛稱。

　　以地位來說，眾鬼之中，以小鬼的地位最低，就相當於人間中「打雜的人」。若以形體來說，小鬼應當是比一般鬼的形體來得小，像民間流傳的「鍾馗啖鬼」圖中，所畫的鬼形象，多半是體形較小的「小鬼」（林春美，1996）。若以種類而論，鬼的種類相當多，但《鬼學全書》中所附錄的572種鬼中（徐華龍，1998），就是沒有「小鬼」一類。由此可知，「小鬼」這一詞彙，可以將它視一種「概念」。

　　兒童早夭，死後成鬼，我們也會叫它們「小鬼」，民間巫術的「養小鬼」，大多是以它們為對象。雖然我們叫它們是「小鬼」，但它們危害人間的力量，比起其他鬼類，並不遜色哦。在民間巫術的「養小鬼」一法，顧名思義，就是飼養夭折小童的鬼魂，然後差役它們為自己辦事，這原本是源自道教的一種茅山術。不過，除了茅山之外，在東南亞區域其他的神祕宗教中，也一直都流傳著各類驅神役鬼的法術。養小鬼的人大多是希望藉著小鬼的力

量，來改善他在人世間的財富與地位，而被養的小鬼也因為有人供養而有所依靠，實際上這是陰陽兩界的一種利益交換。由於養小鬼並非本文重點，我們只提供新聞的一則報導，聊備一格，其內容是這麼描述的：「試圖養小鬼的巫師會先打探懷孕婦女的住處，並在她家門檻上擺放一枝小柳枝，讓孕婦每天進出都會碰觸到它。待孕婦臨盆後，巫師會施法害死嬰兒，並將其靈魂引到樹枝上回家供養。經過一段時間後，巫師就可以操縱這個嬰魂的行動。」

這種巫術無法經由科學證實，但我們卻可以由此得知，民間的確存在著「養小鬼」以供人差遣的觀念。

綜合以上各種說法，我們可以說：凡是鬼類中地位較低，形體略小者，或因故早夭，或無可分類者，皆可稱之為小鬼。總之，小鬼一詞在民間信仰文化中，有多層含義，台語俗諺將之用於形容人世間的各種樣態。以下說明台語俗諺中與「小鬼」相關者：

1、鍾馗治小鬼[*1]。（《諺典》，頁650）
Tsiong-kuî tī sió-kuí.

鍾馗據稱是唐朝進士，貌甚醜。是傳說中專門治鬼的人物，後被視為辟鬼之神。即指專門找鍾馗來剋制小鬼之意（陳憲國、邱

---

1 小鬼，不同的諺語辭典有不同發音，「sió」是白話音，「siáu」 是文言音。

文錫，1999）。

　　鬼會作祟人間，照理來說，人應該會怕鬼，但傳聞中小鬼也有害怕的「人」，那人便是鍾馗。台語俗諺中：「鍾馗治小鬼」，頗能表達此一傳說。

　　「鍾馗治小鬼」這故事是鍾馗「神化」的依據。自唐玄宗夢鍾馗因而病癒之事傳開後，唐代帝王便常在每年年終時，以鍾馗的圖像頒賜給大臣懸掛，藉以驅逐群厲。民間也因而形成懸掛鍾馗圖像以辟邪的習俗。所以長久以來，人們奉鍾馗為掃除邪祟、招來福祥的神祇，也相信他專門打鬼、吃鬼、管鬼。

　　由此看來，鍾馗此人此事，或許是出於虛構，但鍾馗捉鬼圖的流行，的確在唐玄宗時代，而且從朝廷到民間廣泛流傳，成為一種風俗。

　　隨著明清時代先民移居到臺灣，鍾馗傳說隨著戲曲傳入臺灣，又出現了由人扮鍾馗，在歲末時沿門跳舞的習俗，也是用以驅邪，在民間就演變成一種祭煞儀式──「跳鍾馗」。它的目的是藉鍾馗的法力來驅除煞氣。跳鍾馗儀式多以戲劇方式進行，鍾馗這個角色通常由傀儡師操縱「傀儡鍾馗」表演，或由戲班的男伶扮演（周榮杰，1987）。其過程充滿神祕性，並且有許多禁忌。跳鍾馗通常是在新居、新廟宇落成時，或廟前舞臺啟用時沿用，在中元普渡最後一天，通常也會有「跳鍾馗」的儀式，用來驅趕眾鬼回陰，俗稱「押孤」，主要的目的是在普渡之後押解滯留不去的鬼。在傳統習俗中，跳鍾馗押孤是一種充滿煞氣的儀式，一般會勸告老

幼體弱或運道不佳的民眾迴避，即便是在場的工作人員，也必須身懷護身符或嘴含榕葉以辟邪，整場儀式過程皆不可開口，以免被四處流竄的鬼所沖犯。

正由於鍾馗會治鬼、吃鬼、辟邪的觀念由唐代流傳至今，深植於人心，所以台語俗諺也沿用這樣的概念，才會出現「鍾馗治小鬼」這句俗諺與說法。

2、小鬼毋捌見過大豬頭。（《諺典》，頁105）

Siáu-kuí m̄ bat kìnn kuè tuā ti-thâu.

豬頭是祭拜鬼神的大祭品，小鬼們平時所享用的祭品都是豆干、鴨蛋之類的小東西，不容易見到豬頭這樣的大祭品。此句是形容人見識淺薄，少見多怪（陳憲國、邱文錫，2000）。

人客啊，為何「小鬼毋捌見過大豬頭」呢？民間的祭祀物品種類非常多，例如：香、燭、牲醴、茶酒、金銀紙、粿、圓仔等等，其中牲醴更是祭祀時的重點。這裡所說的牲醴，是以豬肉、雞、鴨、魚、蝦及其他物品而組成的祭物，看場面大小及性質，選擇其中的幾樣來祭祀。若以牲醴擺放的位置來分，那麼豬頭是牲醴之首，放在祭器之正中央，所以稱為「中牲」；雞和鴨分別放在中牲之左右兩邊，所以稱「邊牲」；而魚與蝦又分置於邊牲之後，所以稱「後牲」或「下牲」（周榮杰，1991）。

若以祭祀的對象來分，則有分為「五牲」、「三牲」、「小

三牲」等不同。據周榮杰（1991）所言，五牲是指供奉平常廟裡大神時所需的五種動物醴，其中豬肉是主要供品，而全雞、全鴨各一隻或兩隻做為次要供品，其餘魚蝦或蟳為較次要的供品。如果是還願供奉，則需改為豬頭。三牲則是供奉土地、灶君等小神或小型祭典所需的三種動物醴，三牲較為正式，而小三牲僅限於犒軍或祭煞等最下級的鬼神。

從以上的說明可以知道，小鬼們所能得到的祭祀品只有「小三牲」，而這又是牲醴中較為簡略的。而豬頭乃是祭祀大神才有的牲醴，所以小鬼們是不會有見到大豬頭的機會，因此這一則台語俗諺中所說的：「小鬼仔毋捌見過大豬頭」其實是符合民間祭祀習俗的。

3、小鬼袂堪得大百金。（《諺典》，頁105）

Siáu-kuí bē kham tit tuā-pah-kim.

民間所用的冥紙，種類眾多，用途不甚相同，以其對象之不同，而有所差別。百金是一種冥錢、金紙，一百張一紮，大張的稱大百金，小張的稱小百金，金紙是祭拜神明，銀紙是祭拜鬼魂，難怪小鬼無福消受這種金紙。此諺是說不敢承領，無福消受（陳憲國、邱文錫，2000）。

此句台語俗諺「小鬼袂堪得大百金」，句子應讀為「小鬼／袂堪／得／大百金」。

關於冥紙的名稱、圖樣、計算單位以及分量，會因為各地方的習俗不同而有異，據董芳苑（1984）研究，「鬼」與「神」所用的「冥錢」只是外觀形狀與名稱略有不同而已，其他則大同小異。他將民間所通行的冥錢名稱及用法收集分類說明，筆者將之整理如下：

（1）金紙：有盆金、天金（大百金）、頂極、壽金、刈金、太極、中金、福金、九金等。以上是供為諸神所使用。

（2）銀紙與紙錢：有大銀、小銀、高錢、金白錢、庫錢、外庫錢、本命錢、白高錢、經衣、婆姐衣、五色紙等。這是給亡靈與鬼魂使用。

（3）其他：甲馬、神馬總馬、燈座裝入六甲、替身等。以上是用來送神、謝神或清災解厄的「準紙錢」。

由此可得知，大百金（天金）是刈金的一類，屬於金紙，專門供於諸神所使用。小鬼們所能得到的，不外乎小銀、高錢、外庫錢而已，小鬼們根本無法得到「大百金」！

民間信仰看似繁複，實則有其秩序。以祭祀用之金、銀紙錢而言，何種冥錢適用於何對象，民眾心中自有分寸，不致混淆。所以俗諺中所謂：「小鬼袂堪得大百金」，是因為小鬼與神祇所用的冥錢不同，小鬼若是得到了神祇所用之「大百金」，恐怕承受不起，也用不得，所以俗諺用此句來形容窮人不堪享受鴻福。

4、將軍無佇咧，小鬼拍獵。（《陳諺（六）》，頁284）
Tsiong-kun bô-tī--leh, sió-kuí phah-là̍h.

原文用字是「將軍無於地，小鬼拍獵。」

城隍廟的范、謝二將軍不在，小鬼差就去打獵玩樂了。「無佇咧」是不在此地的意思。拍獵就是打獵，這裡指玩樂（陳主顯，2003）。

前文曾提及，小鬼有時候也是指鬼差、雜役。這句話使用了修辭法中的借代法。「將軍」指的是「頭家的權威」，小鬼則是指「懶惰僱工的習性」。此句用來諷刺懶惰的僱工，只有在人監督之下，才會認真工作。台語俗諺用這種說法，既可行諷刺之實，又可避免直接刺傷對方的心，避免造成勞資對立。

綜合以上的說法，台語俗諺中所說的「鍾馗治小鬼」，表達了「惡人自有惡人治」的概念。由於鍾馗治鬼、噉鬼、辟邪的觀念深入民間，所以台語俗諺用「鍾馗」這個傳說人物，來表達「一物剋一物」的道理。台語俗諺中的「小鬼」意象，表達了多種內涵，它不見得是惡意的批評，有時可以是溫柔敦厚的勸告。像「將軍無佇咧，小鬼拍獵」，就諷勸人要忠於自己的工作，不可偷懶。而見識淺薄的人，俗諺用「小鬼仔毋捌見過大豬頭」來說明一個人的少見多怪。當天外飛來一筆橫財時，未必是福，命薄福薄的人，就會

像「小鬼袂堪得大百金」一般，得到的超過自己所應有的名或利，可能會為自己帶來更大的災難。先民透過這些俗諺告訴我們：「唯有腳踏實地，方是正途！」

神鬼傳奇諺語故事——台語版
水鬼叫交替

　　佇十外～外～年前，我、正仔、阿佳，阮三個猶閣是緣投仔少年兄的時，因為做伙去考紅十字會的救生員，三個人成做好朋友。 彼工，阮三個人做伙去高雄永安的海邊仔值勤，有一個少年仔騎機車過來，大聲喝講：「救生員！救生員！有一個查某囡仔家己坐佇彼爿的海沙埔，蓋危險呢！」

　　阮三個聽了，就隨起身行去欲共看覓咧……去到位，真正有看著一個小姐坐佇海沙埔遐。

　　「小姐，你愛較細膩咧……，你家己一個人，莫佇遮爾危險的所在啦！今仔日海湧較大喔！」阮三個人好心共伊提醒。

　　姑娘仔伊頭犁犁，若親像無聽著阮的話，閣共伊的鞋仔褪落來，鞋仔頭閣是向海裡……。

　　阮三個人無伊的法，阮就行去較遠的馬路邊偷偷仔咧「注意」伊。一時雄雄突然間，阿佳大聲喝講：「啊！害矣！伊行入去海裡矣！」

　　親像咧搬電影仝款，我看著伊一步一步行入去海裡。

　　我佮阿佳緊共身軀揹的救生浮筒提佇手裡，準備欲救人矣！

正仔衝第一,伊啥物攏毋驚,啥物攏無提,就衝落去海裡欲救彼个
姑娘仔矣!我看正仔已經摸著彼个姑娘仔的手矣,我佮阿佳就緊去
鬥相共。其實,海水若是淹到跤頭趺,人就會徛袂穩矣,這馬,海
水已經淹到姑娘的胸坎,正仔伊的腰矣,連我嘛已經徛袂在矣。海
湧一波一波衝來,海水拍過來的時,阮三个查埔人,竟然掠伊掠無
啥會牢,姑娘仔閣一直綴海水按呢浮浮沉沉,袂輸有一種無形的力
量欲共姑娘仔摸轉去海裡……!阮趕緊共伊抱起去沙埔仔,將伊的
身體敧一爿,避免伊去予海水嗾著。

「嗚咿嗚咿……」救護車來矣,共姑娘仔送去病院矣。阮的
考驗才tânn欲開始爾……。

暗時仔,我早早就去睏矣,日時舞這齣的,活欲忝死!倒咧
就睏去矣。隔轉工一透早,正仔就敲電話來矣:

「王的,你昨暗睏了按怎?」

「強欲忝死矣!倒落就睏去矣!按怎?啥物代誌?」我聽正
仔聲音有一點仔怪怪。

「我昨暗睏了足無好的,一直做惡夢!」正仔講甲有一點仔
聲音顫咧顫咧。

「抑無,咱下晡來去昨昏的海邊仔拜拜一下!」我隨想著這
馬是農曆七月半。

阮請紅十字會的幹部聯絡彼个姑娘仔的家屬,個阿母嘛會來
昨昏的海邊仔。紅十字會的幹部有請姑娘仔的阿母愛予阮食糖仔,
食一个甜,閣再予阮三个人一个紅包囊仔,毋免囥錢,毋過愛晢一

个紅，討一個好吉兆。聽講，七月時仔攏會有「水鬼叫交替」，若有人佇海邊仔救著人，攏愛有這个「例」。水鬼仔會趁世間人失志、狀況無拄好的時陣，將人tshuā入去彼个無底的深淵，永遠無法度轉來……。

聽彼个姑娘仔的老母講，個是翁仔某咧起冤家，姑娘仔一時想袂開，就按呢想欲行入去海裡。佳哉有阮共個查某囝救起來，伊對阮是十二萬分的感謝。阮嘛做伙去海邊仔燒香拜拜，共好兄弟仔說明、掰會，講阮是咧執行家己的職務，希望陰陽兩界互相尊存，莫互相傷害。

講嘛怪奇，拜拜轉來了後，正仔講伊彼暗足好睏的，睏甲流瀾閣兼會牽絲！

神鬼傳奇諺語故事——華語版
水鬼叫交替

在十多年前，我、阿正、阿佳，我們三個當時還是青春帥氣的少年，因為一起去考紅十字會的救生員，三個人成為好朋友。那一天，我們三個人一起去高雄永安的海邊值勤，有一個年輕人騎機車過來，大聲喊說：「救生員！救生員！有一個女生自己坐在那邊的海灘，非常危險呢！」

我們三個人一聽，就立刻起身要去看一看……到了那邊，果

然有看到一位小姐坐在海灘那邊。

「小姐，你要小心一點哦……，你自己一個人，不要在這麼危險的地方啦！今天海浪比較大哦！」我們三個好心提醒她。

小姐她頭低低的，好像沒有聽到我們的話，還將她的鞋子脫下來，鞋頭還面向海裡……。

我們三個沒有辦法，我們就走到較遠的馬路邊偷偷地在「注意」她。突然間，阿佳大聲喊說：「啊！糟了！她走到海裡面去了！」

就像在演電影一樣，我看到她一步一步走進海裡面。

我和阿佳趕快將身上揹的救生浮筒拿到手上，準備要去救人了！阿正衝第一，他什麼都不怕，什麼都沒拿，就衝下去要救那個姑娘了！我看阿正已經拉到那個小姐的手了，我和阿佳就趕緊去幫忙。其實，海水若是淹到膝蓋附近，人就會站不穩了，現在，海水已經淹到小姐的胸部，阿正他的腰了，連我也已經站不穩了。海浪一波一波衝來，海水打過來的時候，我們三個大男生，竟然抓不住她，小姐也還是不斷的隨著海水浮浮沉沉，好像有一種無形的力量想要將小姐拉回去海裡面……！我們趕緊將她抱上沙灘，讓她的身體側躺，避免她被海水嗆到。

「嗚咿嗚咿……」救護車來了，將小姐送去醫院了，但是我們的考驗才剛要開始……。

晚上，我早早就去睡了，白天搞這一件事，都快把我給累死了！倒頭就睡了。隔天一早，阿正就打電話來了：

「老王，你昨晚睡得如何？」

「都快累死了！倒頭就睡了！怎麼了？什麼事情？」我聽阿正的聲音有一點怪怪的。

「我昨晚睡得很不好，一直做惡夢！」阿正的聲音有一點在顫抖。

「不然，我們下午去昨天的海邊拜拜一下！」我立刻想到現在是農曆七月半。

我們請紅十字會的幹部聯絡那位小姐的家屬，她媽媽也會來昨天的海邊。紅十字會的幹部有請小姐的媽媽要給我們吃糖果，吃個甜甜，再給我們三個人一個紅包袋，不用裝錢，但就是要有一個紅包袋，討個吉利。聽說農曆七月時，都會有「水鬼叫交替」，若是有人在海邊救到人，都要有這個「習俗」。水鬼會趁著世間的人心情低落、情況不好的時候，將人帶去那個無底的深淵，永遠無法再回來……。

聽那個小姐的媽媽講，她們是夫妻吵架，小姐一時想不開，就這樣想要走到海裡去。好在我們把她女兒救起來，媽媽對我們是十二萬分的感謝。我們也一起去海邊燒香拜拜，跟好兄弟們說明、交代，說我們是在執行自己的職務，希望陰陽兩界互相尊重，不要互相傷害。

說也奇怪，拜拜回來之後，阿正說他那天晚上睡得很好，不但睡到流口水，還牽絲呢！

台語俗諺——說神論鬼

　　水鬼，若是按照民間說法，是在水中溺死枉死的人所變成的鬼。因為水鬼若是想重新投胎轉世，必須要抓一個人來當替死鬼，來替補他的「水鬼」缺，所以啊，民間對於「水鬼」其實是相當忌諱的，尤其是父母常會在農曆七月時，告誡子女不可至河邊或海邊玩耍，以免被水鬼——「抓交替」。

　　民間傳說，水鬼本是受到城隍所管轄的，但根據臺灣民間說法，若水鬼能為善、不存心害人，日子久了，也可以升為當地的城隍爺或土地公，所以台語俗諺「水鬼做久升城隍」，便是由此而來。以下就來看幾則與水鬼相關的台語俗諺吧。

1、水鬼叫交替。（《諺典》，頁151；《俗典》，頁97）

　　Tsuí-kuí kiò kau-thè.

　　被水鬼捉去當替死鬼。民間習俗認為人溺水枉死會變成水鬼，水鬼若想重新投胎轉世，必須抓一個替死鬼來補缺（楊青矗，2001）。

　　據董芳苑（1986）的研究，若依民間說法，水鬼是指溺水死亡的人所化成的鬼魂，因為長時間浸泡在水中而遭受極大的痛苦，因此經常化身為魚蝦誘使人下水並淹死，稱為「討交替」。另外，水鬼也可能變成鬼船，目的都在誘人下水淹死，因此民間對水鬼非

常害怕。民間在祭祀過程中會有「放水燈」的習俗，這其實是一種超渡水鬼的儀式。

　　民間文化中，對於「水鬼」其實是又憐惜又害怕，因為水鬼多是意外死亡，若是不能「抓交替」，就要一直在水中挨餓受冷。問題是，「水鬼抓交替」時，陰間又要多一條冤魂，有誰願意啊？所以民間才會有「放水燈」的習俗，來為這些水鬼超渡，希望它們不要再為害人間。

2、水鬼做久升城隍。（《諺典》，頁151）
Tsuí-kuí tsò kú sing Sîng-hông.

　　據傳言水鬼找到替死鬼來接替他的位置，可以脫離浸水的苦，升為城隍，享受人們的牲醴香火。喻職位做久了也會升遷的（陳憲國、邱文錫，1999）。

　　城隍爺和其他的神不太一樣哦，祂是許多「神」的總稱，聽命於玉皇大帝，在府州縣守衛，管轄其區域，雖經任命，但也不是永久固定，城隍爺彼此可交換，或遭到免職，也有缺額的情形，也就是說，祂們的「神像」雖是一樣，但可彼此交換工作哦。有趣吧！要當城隍爺必須有以下的資格[2]：

　　（1）溺水而死的水鬼，若能忍耐三年，不找替身來超生，也算是功德一件，就可以擔任城隍爺。

　　（2）忠良、孝悌、有德之人，在死後也有機會可以當城隍

爺。

　　（3）生前有學問或是有教養不為惡，死後若通過城隍爺考試，則可擔任城隍爺（哇～當神還要考試的，哈！）。

　　由此可知，擔任城隍爺的條件，除了生前是有德正直的人外，若是冤屈溺死的水鬼，能忍耐三年在水中的飢餓受凍，不找陽世間的人來「抓交替」，時間一到，亦可因為自己的善心而積累功德，而升任城隍。

　　這樣的說法，雖與上述陳憲國、邱文錫的解釋略有不同，但台語俗諺用「水鬼做久升城隍」，來比喻人若是守好自己的本份及崗位，盡力將份內事務做好，最後也會有升任的一日。

3、水鬼騙城隍。（《諺典》，頁151）
　　Tsuí-kuí phiàn Sîng-hông.

　　水鬼是受城隍爺管轄的，其能力智慧都比城隍爺差，竟然敢小鬼欺騙大神（陳憲國、邱文錫，1999）。

　　有沒有覺得這句俗諺的意思好像有看過？對，這句俗諺和前面「小鬼騙閻羅」是相似的說法，you are very good，你很認真

2　此三點參考史玉玲，網頁：〈台北市文化之旅〉，網址：http://www.tmtc.edu.tw/。

在看這本書！這兩句都是欺上瞞下的做法，總會有出錯的一天。

人們對「城隍」的祭祀，原來大概是因為出於「城池」對人民的保護之功，又因為原始崇拜的想法，凡與人們日常生活有關的事物皆有神在，而城池與百姓生活有密切關係，有大功於民，所以人們當然認為會有城神——城隍來護佑百姓啊！本來「城隍」是一種「自然神」的概念，但是從隋唐開始，逐漸形成一種「正人直臣死後成為城隍神」的觀念。

但為何演變成「水鬼」受城隍管轄呢？嘿嘿，請聽我來說清楚講明白啦！其實這可以由歷代城隍職掌的變化來說明。

根據宗力、劉群（1986）所說，城隍歷代職掌的演變是這樣的，從《北齊書》所載，城隍神的主要職責是保護城池安全。但到了唐代，城隍的職責不僅擴展至守護城池和維護治安，還包括管理當地的水旱災害、祭祀冥界神祇等事務。而宋代更是把城隍神列入科名的管理範圍，可見城隍神已成為當地方最高層級的神祇了。

如此來看呢，城隍既然漸漸的掌管冥間所有的事務，所以不論是陽世間的一切吉凶禍福、遭逢厄運、罹患疾病以致失去性命等；或是在陰世淪入地獄，永遠無法超生，都是城隍爺審判之結果，所以像「水鬼」這類冤屈溺死的鬼，屬於城隍來管轄也是理所當然，剛好而已啦！

4、水鬼夯重枷。（《諺典》，頁151；《俗典》，頁96）
　　Tsuí-kuí giâ tāng kê.

　　做水鬼已經很苦了，又扛著重重的枷鎖。此句是說苦上加苦，禍不單行（楊青矗，2001）。

　　另有寫為：「水鬼舉重枷」（《徐諺》）。

　　水鬼枉死水中，淪為波臣，已經很可憐了，竟然還要戴上重重的枷鎖，這是在哈囉？這是雪上加霜呢！台語俗諺用這種說法，來比喻人「屋漏偏逢連夜雨」的窘境。

　　台語俗諺中的水鬼與城隍的關係密切，若是水鬼表現的很好，還可能可以升任城隍。從這些台語俗諺，其實是反映了民間的宗教觀念，我們也可以藉此能更了解民間對「水鬼」的看法哦。

神鬼傳奇諺語故事——台語版
有錢使鬼都會挨磨

　　古早古早，有一个拄到地獄的新鬼，生做是瘦閣薄板，伊佇地獄內底拄著一个大箍鬼，兩个「鬼」就成做好朋友。大箍鬼已經死二十外冬矣，新鬼誠欣羨大箍鬼。

　　新鬼就問大箍鬼講：「愛按怎做才有法度變甲有物件通食，而且看起來會當遮爾大箍閣福相？」

　　大箍鬼共伊講：「只要你去人間假鬼假怪，鬧一寡仔動靜，若有人著生驚，個就會提物件共你拜、予你食矣。」

　　這个瘦鬼聽了之後，就歡歡喜喜來到人間，想欲照大箍鬼講的按呢為非糝做，毋過伊攏無調查清楚，就生生狂狂傱入去一戶人家。瘦鬼看著灶跤內底有一座磨仔，就緊走過去開始挨磨矣。好死毋死，這戶人家是散甲強欲無飯通食矣，家己都無通好食穿矣，哪有物件會當祭拜伊呢？主人家聽著灶跤有聲音有動靜，就行來灶跤看覓咧，明明灶跤內底無半个人，毋過彼个石磨仔煞會家己佇遐咧轉，主人家就吐大氣講：「連天公伯仔攏來可憐我，派鬼仔來共我鬥挨磨矣。」結果，這个瘦鬼舞規晡，毋但無食著一隻胡蠅蠓仔，閣忝甲半小死。

　　瘦鬼原底是想欲「作怪討食」，毋過煞因為無事先調查好勢，揣一个散赤人個兜來作怪，了戆力閣做白工。但是對另一个角度來看，只要予個一寡仔利益，其實嘛是有法度叫鬼仔來替人挨磨做工課的，這嘛是「有錢使鬼都會挨磨」的由來。

神鬼傳奇諺語故事——華語版
有錢使鬼都會挨磨

　　從前從前，有一個剛到地獄的新鬼，非常瘦弱不堪，它在地獄中遇到一個胖鬼，兩個「鬼」變成好朋友，胖鬼已經死去二十多年了，新鬼很羨慕胖鬼。

　　新鬼就問胖鬼說：「要怎麼做才能變得有東西吃，而且看起來能這麼福態？」胖鬼告訴它：「只要你到人間作祟，鬧出一些動靜，人們一旦害怕了，就會供奉東西給你吃。」

　　這個瘦鬼聽了之後，就高高興興來到人間，想要照著胖鬼所說的來為非作亂，但它還沒有調查清楚，就冒冒失失闖入一戶人家，它看到廚房中有一座磨，一個箭步上前，就開始推磨了。好巧不巧，這戶人家很窮，自己都缺衣少食了，哪還有食物能供奉它呢？主人聽到廚房有聲響有動靜，就到廚房查看，結果廚房內空無一人，但是石磨卻自己在轉，主人就感嘆說：「連老天爺都可憐我，派鬼來幫我推磨了。」結果，這個瘦鬼推了半天，不僅沒撈到

半點吃的，還累得半死。

　　瘦鬼原本的用意是要「作怪覓食」，但卻因為沒有事先調查好，找了個窮人家來作怪，卻做了白工。但從另一個角度來看，只要給予一定的利益，其實也是可以驅使鬼為人推磨工作的，這也是「有錢使鬼都會挨磨」的由來。

台語俗諺──說神論鬼

　　錢鬼不是只有陰間才有，人間也到處都是見錢眼開，為錢不擇手段的「錢鬼」（隔壁的阿伯仔就是了，哈哈！）。在世時被錢所奴役，死後仍放心不下，「人為財死，鳥為食亡」，民間相信為了錢財而死的人，死後就變成了「錢鬼」。由於台語俗諺很少提到「錢鬼」這名詞，但是有提及「錢」與「鬼」相關的台語俗諺，以下是其說明：

1、有錢使鬼都會挨磨。（《諺典》，頁257）

　　Ū-tsînn sái kuí to ē e-bō.

　　只要有錢，連鬼都可以叫它去推石磨（陳憲國、邱文錫，1999）。

　　前面的故事出自南朝劉義慶的《幽明錄·新鬼》，華諺中有一句俗諺是：「有錢能使鬼推磨」，與此句台語俗諺有異曲同工之

妙。比較這兩則俗諺，可能是台語俗諺吸收了華諺的內在精神，再將它以台語的形式說出，並且在口語中運用。

「錢」不只有流行在人間，陰間也有「冥錢」在流通著，甚至連「神明」，有時也會用到這類「冥錢」。只要有錢「使鬼都會挨磨」。（嗯，有錢真好！）

如此說來，人與鬼神之間，其實是可以用「冥紙」來交流或是交易。只要人有求於「鬼神」，陽世間的人們便可以許一些錢財給鬼神們使用。但是該如何付款交易呢？其實不難！一切都按照陽間的規矩辦理即可。事情困難或嚴重一點的，冥紙就燒得多一些，如此才「夠力」，冥錢的使用方法與陽間並無不同，陰界陽界的溝通如此方便，誰說是「陰陽兩隔」呢？（請問可以刷卡嗎？不用燒，比較快！哈哈！）

「冥紙」，就是溝通陰陽的橋樑，我們可以得出這樣的陰陽溝通流程圖：

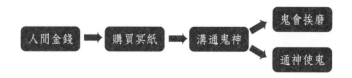

我們可以說，「冥紙」真是漢民族的一項溝通天人的偉大發明。「錢鬼」在人世間愛財如命，死後也會有「冥紙」可用，既然

生死都有「錢」可以花用，「死有何懼」呢？

2、錢會通神使鬼。（《俗典》，頁518）
Tsînn ē thong sîn sái kuí.

有錢可通神或差遣鬼做事。比喻金錢萬能（楊青矗，2001）。

金錢萬能論，不僅適用於人間，連陰間鬼都可被各種原因、利益或是「冥錢」所收買，「錢會通神使鬼」，有錢也可以教鬼神幫人做事，可以使鬼幫人推磨等等。

這麼說來，陰間與人世間似乎沒有什麼相異，生前「嗜錢如命」的習性，死後也帶到陰間去，那究竟「人」在什麼時候才會進步？何時才可能覺醒？

枵 鬼

神鬼傳奇諺語故事——台語版
枵鬼較濟俄羅

　　咱逐家敢知影？臺灣農曆七月時仔祭拜好兄弟，其實是佮佛教盂蘭盆（Û-lân-phûn）節有關係。

　　《佛說盂蘭盆經》有記載一个故事。佛陀十大弟子之一的目連（目犍連）尊者，修到阿羅漢果位的時，有一工伊雄雄想欲用神通去揣伊過身的老母，等伊坐好禪定的時，看著家己的老母因為在生的時，凍霜貪心閣無相信因果，死後墮落枵鬼道，頭毛散掖掖、腹肚大甲親像海、嚨喉像針遐細，喙會噴火，完全無法度食物件。這个時陣目連尊者用缽（puah）貯飯欲予個老母食，個老母因為在生的時凍霜貪心，閣因為地獄內底「枵鬼較濟俄羅」，有真濟枵鬼欲來搶食，個老母恐驚食物會去予別的枵鬼搶去，個老母就正手捾飯，倒手共缽內的飯擋牢咧，結果，當當伊欲共飯囥入去喙內的時，伊的喙內煞噴火出來，共飯燒甲變做火炭，所以伊猶原無法度食物件。這个時陣有孝的目連尊者來到佛陀面前咧吼，尊者請佛陀傳授妙法來超度伊的罪母。

　　佛陀共目連尊者講：「以你的神通佮諸天神的力量，猶是無法度超度你的罪母的，你著愛佇七月十五日，彼是諸僧人出關彼

工，用罪母的名義，以米飯、水果閣有各種生活器具來供養十方僧人，用遮的功德迴向予你的罪母，你的罪母才有法度超脫。」

目連尊者就遵照佛陀所教的來做，佇七月十五日，僧人出關日彼工，準備各種食的物件佮器具來供養僧眾，僧眾嘛為目連尊者的罪母祝禱迴向。所以佛教佇逐年的七月十五日，各地廟寺攏會舉辦齋僧法會、盂蘭盆地藏法會，替十方善信的祖先爸母做超度，這是正宗的佛教七月儀式。所以每年的農曆七月，佛教共叫做「教孝月」、「吉祥月」，這種的思想延伸到臺灣民間，就出現農曆七月鬼月中元普渡、拜好兄弟佮各種的祭拜儀式。

神鬼傳奇諺語故事——華語版
枵鬼較濟俄羅

大家知道嗎？臺灣農曆七月祭拜好兄弟，其實是與佛教盂蘭盆節有關。

《佛說盂蘭盆經》記載了一個故事。佛陀十大弟子之一的目連（目犍連）尊者，修到阿羅漢果位時，突然想用神通去找他過世的母親，他端坐禪定時，看到自己的母親因生前各嗇貪心不信因果，死後墮入餓鬼道，披頭散髮、肚大如海、喉細如針、口出猛火、無法進食。此時目連尊者以缽盛飯給母親吃，母親因生前各嗇貪心成性，又因為地獄內「枵鬼較濟俄羅」，有許許多多的餓鬼要

來搶食，它生怕食物被別的餓鬼搶走，就右手抓飯，左手擋住缽裡的飯，結果，當飯要入口時，它的嘴裡又噴出猛火，把飯燒成灰，因此無法進食。此時孝順的目連尊者到佛前哭泣，請佛陀傳授妙法超渡罪母。

佛陀告訴目連尊者：「以祢的神通和諸天神的力量，仍是無法救度罪母的，必須在七月十五日，諸僧人出關日（僧自恣日），用罪母的名義，以米飯水果及各種生活器具來供養十方僧人，以此功德迴向罪母，罪母才能超脫。」

於是目連尊者就遵照佛陀所教的來做，在七月十五日，僧人出關日，準備各種飲食、器具來供養僧眾，僧眾也為其罪母祝禱迴向。所以佛教在每年的七月十五日，各地寺院會舉行齋僧法會、盂蘭盆地藏法會，為十方善信的祖先父母做超渡。這是正宗的佛教七月儀式。所以農曆七月，在佛教中又稱為「教孝月」、「吉祥月」，而這樣的思想延伸到臺灣民間，就出現了農曆七月鬼月、中元普渡拜好兄弟與各種祭祀儀式。

台語俗諺──說神論鬼

「枵鬼」是鬼籍中最眾多的鬼族，也就是「餓死鬼」。它們平時總處在飢餓狀態下，只有在每年農曆七月，鬼門大開，民間大行普渡的時候，才能大快朵頤。

根據佛教的說法，人死後並不盡為鬼，佛教的鬼是六道輪迴

中的一道:「餓鬼道」輪迴出來的。所謂「六道輪迴」是說生死流轉的六種境地:地獄、餓鬼、畜生、修羅、人間、天。在這六境地生活的眾生,都會不停地在其中輪迴轉生,直至能證覺得解脫為止。在佛教的梵語經典中,「鬼」指的是餓鬼的意思。在古代印度,人們通常把死者的靈魂稱為鬼,梵語中的「preta」,巴利語中的「peta」都有「逝去者」之意。這種對死者靈魂的觀念也被吸收到佛教中,成為「餓鬼」,指的是那些飢餓而無法得到食物的鬼魂。(吳汝鈞,1992)。

　　佛教的鬼眾來自「餓鬼道」,而民間信仰中則是人死後就變成鬼。因為彼此觀念上的不同,所以臺灣每年七月所舉辦的「中元普渡」,往往會有佛教的「盂蘭盆會」與道教「中元節」,來分別舉辦不同型態的法會,並舉行相異的宗教祭典與儀式。所謂「盂蘭」係佛教梵語「Ullumbana」的譯音,意為「倒懸」,乃表示在地獄中極端的痛苦。「盆」乃「施食」的器具,是後來漢人加上去的字,因此「盂蘭盆」的意思乃是要救拯人間的苦難 (施翠峰,1966)。而民間信仰與道教觀念則是認為,這些無主的孤魂餓鬼,因為整年無人祭祀,只有在每年農曆七月一日至二十九日午夜的時間,才有一年一度的「中元普渡」,可以接受人間祭祀,這是臺灣民間對這些孤魂餓鬼,有著一種悲憫與祈福的複雜心態摻雜在其中。

　　以下是與「枵鬼」相關的俗諺:

1、枵鬼較濟俄羅。（《諺典》，頁338）

Iau-kuí khah tsē gô-lô.

原文用字是「枵鬼卡濟俄羅。」

此句是說很多人沒有飯吃之意。（陳憲國、邱文錫，1999）

此句台語俗諺有多種不同寫法，俗諺中的「枵鬼」，也就是餓鬼。而「俄羅」兩字，也有數個不同的解釋，以下列舉之：

（1）吳瀛濤《臺灣諺語》（1975）則寫做：「飫鬼，較多俄羅」。他認為「俄羅」是「俄羅人」，此句是說饑鬼比俄羅人更多。

（2）徐福全《福全台諺語典》（1998）寫做：「枵鬼較濟俄羅」，他則認為「俄羅」是「餓勞」的發音，他以為「餓勞」是饑餓的勞動工人，所以將「枵鬼」與「俄羅」並置，比喻「枵鬼」比眾多的勞動工人還要多，用來形容貪吃的人一大群。

（3）陳憲國、邱文錫《實用台灣諺語典》（1999）寫做：「枵鬼卡濟俄羅」，他們認為「俄羅」是「俄羅斯兵」的意思，作者認為，此句是說餓著肚子的人比俄羅斯兵還多，而俄羅斯又是貪得無饜，所以此句意指很多人沒飯吃之意。

（4）楊青矗《台灣俗語辭典》（2001）寫做：「枵鬼濟俄羅」，楊青矗將它解釋為「俄羅人」，他認為舊時相傳「俄羅」人口多，所以就以「俄羅」用來比喻人口眾多，以俄羅人來形容飢民

之多，用來比喻僧多粥少之意。

　　總之，這句台語俗諺主要在說明飢餓的人很多，「俄羅」只是個形容用法，形容人數很多的意思。

2、欲做飽鬼，毋做枵鬼。（《陳諺（六）》，頁530）

Beh tsò pá-kuí, m̄ tsò iau-kuí.

　　原文用字是「要做飽鬼，唔做枵鬼。」

　　此句俗諺是說，就算快要死了，也要飽食一頓，寧願死後當飽鬼，不做餓鬼。強調食的重要。

　　死後為「餓鬼」是民間的大忌，在漢人死囚的最後一餐，菜色都頗為豐富，這種情形，頗能表現出民間對「枵鬼」的忌諱。有一句台語俗諺與此句類似：「欲刣，也著食一頓飽」，這些都足以表現民間對「食」的重視。

3、枵鬼假細膩。（《諺典》，頁338；《俗典》，頁291）

Iau-kuí ké sè-jī.

　　餓鬼卻假裝客氣。這是說人偽裝的面目（楊青矗，2001）。

　　此句常用來笑罵小孩子，說他們想吃又怕人家笑他貪吃，但也用在吃東西以外的方面，像是對於錢財與名位上的追求等。

　　餓鬼看見供品，必定是像餓虎撲羊般地爭著要吃，若是不去

吃，就有違常理。人亦是如此。明明很想去做某事，卻又裝得一點都不在乎，這樣只會讓明眼人看笑話罷了。尤其是政治上的你爭我奪，有時過份的做作，總會令人民有「枵鬼假細膩」的感嘆！台語俗諺用很簡短的話語，生動精確地表達出一連串的概念，這就是俗諺高明之處。

民以食為天，即使是面臨處決的犯人，人們的觀念也希望人死後「欲做飽鬼，毋做枵鬼」，就像台語俗諺中所說的「食飽死較贏死無食」，所以一般死刑犯在處決之前，也會給他一頓溫飽，免得死後陰間又多了一個「枵鬼」。若是有人明明想要做某事，卻又假裝客氣不去做，我們就可說他「枵鬼假細膩」。至於「枵鬼較濟餓羅」，則是說很多人沒飯吃，在當今的臺灣社會，較以往富裕許多，所以這句俗諺現在就比較少聽到了。

神鬼傳奇諺語故事──台語版
少年若無一擺戇，路邊哪有有應公

　　民國七〇年代，是臺灣經濟起飛的時陣，股市大起、百業大旺，做啥趁啥，正正是臺灣錢淹跤目的年代，彼个時陣，逐个人的目睭內只有趁錢，只要會當趁錢，啥物攏毋驚，連「鬼」都無囥佇眼內。

　　台南市台十九號省道，有一間「萬善公廟」恬恬迒（tshāi）佇路邊。

　　毋知影對啥物時陣開始，這間路邊的小廟仔突然間香火tsuán̄n旺起來，像這馬已經半暝仔十一點半矣，廟的大馬路邊仔竟然停誠濟oo-tóo-bái佮車仔，一大陣人將這間小廟仔挾（kheh）甲無路通行……。

　　「喂，福全仔，遐爾濟人圍佇彼片，個到底是咧看啥物啦？」李寶生偷偷仔問許福全。

　　李寶生是隔壁村李厝樸實古意的作穡人，平常時仔攏早睏早起，今仔日專工綴在地許厝的肥料行頭家許福全來這間廟鬥熱鬧，李寶生的肥料攏是共伊買的，兩个人誠熟似。李寶生想欲知影這間廟最近到底是發生啥物代誌，哪會遮爾興，興甲連風聲攏傳到李厝

來矣。

「喂，寶生仔，你敢有聽過阿樂仔？」許福全刁故意假甲足神祕的，細細聲仔佇李寶生耳空邊問伊。

「你看，每一个人攏足注心咧看萬善公香爐內浮出來的字，只要你看有萬善公洩露出來的天機，若臆會出數字，你就會當去簽牌趁大錢！」許福全講甲誠歡喜，目瞤褫甲大大蕊，若親像等一下家己就會當看透玄機。

「趁大錢？敢有可能？」李寶生猶原是一箍槌槌想攏無。

「當然嘛是有可能，不而過愛報答萬善公，因為這是陰廟，你若是因為來拜拜tsuánn趁大錢，當然愛報答伊啊！」許福全講甲理所當然，親像是伊捌著過阿樂仔全款。

「啥物是陰廟？這是咧拜啥物神明啊？」李寶生的生活中干焦有農事，其他世俗的代誌，伊攏無蓋清楚。

「哎唷！嘛毋是神明啦，其實就是古早阮許厝和恁李厝咧搶水源閣有土地的時，拚庄械鬥（hâi-tàu）死去的羅漢跤、少年家，因為無後代會當共個辦後事，村裡的人著為遮的無主、無人祭拜的鬼起這間萬善公廟，予個嘛有一个會使遮風避雨的所在，地方的人有當時仔嘛會來遮祭拜，個會使講就是孤魂野鬼啦！」許福全果然是頭家人，講著萬善公、有應公的故事，嘛講甲閣有一枝柄通好攑。

「原來是按呢喔，啊遮的羅漢跤仔嘛真正誠可憐，死了閣無人通共個祭拜！」李寶生那講那吐大氣。

「唉！人講『少年若無一擺戇，路邊哪有有應公？』講的就是像遮的羅漢跤、少年人。當初若毋是因為一時的衝碰，凡勢個嘛袂死去抑是死佇他鄉。」「好矣，莫閣講遮的矣，咱緊去看一下仔香爐，無的確萬善有應公會會予你新的感應喔。」

許福全共李寶生搝咧，軁去人足濟的香爐彼爿去看牌矣。

「寶生仔寶生仔，你看，香爐內彼噗起來的所在，敢有成一隻烏龜？……著著著，彼就是一個圓圓的龜殼內底，閣拍一個叉仔，啊！彼就是代表○＋╳，啊！絕對就是02！02！」許福全親像去看著啥物天大的玄機全款……！

神鬼傳奇諺語故事──華語版
少年若無一擺戇，路邊哪有有應公

民國七〇年代，是臺灣經濟起飛的時候，股市高漲、百業興盛，做什麼賺什麼，正是臺灣錢淹腳踝的年代，那時候，許多人的眼裡只有賺錢，只要能賺錢，什麼都不怕，連「鬼」都不放在眼裡。

台南市台十九號省道上，有一間「萬善公廟」靜靜地座落在路邊。

不知道從什麼時候開始，這間路邊的小廟突然間香火旺了起

來，像現在已經半夜十一點半了，廟旁的大馬路邊竟然停了許多摩托車與車子，一大群人將這間小廟擠得水洩不通⋯⋯。

「喂，福全兄，這麼多人圍在那裡，到底是在看什麼啦？」李寶生偷偷的問許福全。

李寶生是隔壁村李厝的樸實農人，平常都早睡早起，今天特地跟著這間廟所在地許厝的肥料行老闆許福全來湊熱鬧，李寶生的肥料都是跟他買的，兩個人很熟。李寶生想了解這間廟最近到底是發生了什麼事，怎麼會這麼興旺，旺到連風聲都傳到李厝來了。

「喂，寶生兄，你有沒有聽過大家樂？」許福全故作神祕，小小聲的在李寶生耳邊問他。

「你看，每個人都專注在看萬善公香爐內浮出來的字，只要你看得懂萬善公洩露出來的天機，猜出數字，你就可以去簽牌賺大錢！」許福全說得很高興，眼睛睜得大大的，彷彿等一下自己就會參透玄機。

「賺大錢？有可能嗎？」李寶生仍是一臉困惑。

「當然是有可能，不過要回報給萬善公，因為這是陰廟，你若是因為來拜拜而賺大錢，當然要回報它啊！」許福全講得理所當然，好像他中過大家樂一樣。

「什麼是陰廟？這是拜什麼神明啊？」李寶生的生活中只有農事，其他世間的俗事他好像不是很清楚。

「哎唷！也不是神明啦，其實就是古早時候我們許厝和你們李厝在爭奪水源及土地時，拼庄械鬥時死掉的單身漢、年輕人，因

為沒有後代可以替他們辦後事，村裡的人就為這些無主、無人祭祀的鬼建造這間萬善公廟，讓它們也有一個可以遮風避雨的地方，地方上的人偶爾也會來這邊祭拜，可以說它們是孤魂野鬼啦！」許福全不愧是當老闆的人，說起萬善公有應公的故事，頭頭是道。

「原來如此，這些單身漢也真的很可憐，死了沒有人供奉！」李寶生一邊講一邊嘆氣。

「唉！人家說『少年若無一擺戇，路邊哪有有應公？』說的就是像這些單身漢、年輕人。當初若不是一時的衝動行事，或許他們也不會死掉或是客死他鄉。」「好了，不說這些了，我們趕快去看一看香爐，說不定萬善有應公會給你新的感應哦。」

許福全拉著李寶生，擠向人很多的香爐那邊去看牌了……。

「寶生寶生你看，香爐中那凸起來的部分，像不像一隻烏龜？……對對對，那就是一個圓圓的龜殼中打個叉，啊！那就是代表〇+╳，啊！絕對就是02！02！」許福全好像參透了什麼天大的機密一樣……！

台語俗諺——說神論鬼

「有應公」是什麼呢？一般而言是指「有求必應」的無主孤魂，它們的種類龐雜，稱謂多樣，是臺灣民間「厲鬼信仰」中最繁瑣的。黃文博（1991）認為它的基本理念是，若人死後無人祭祀，就會變成厲鬼，四處遊蕩而危害國家社稷；但若有人們能祭

祀，就不會成為厲鬼，它們還能聽人們的祈求並予以回應。

「有應公崇拜」是臺灣的特殊信仰，它是「祭厲」的另一種型態，對象是「厲鬼」，它的目的是以建祠祭祀的手段，將「厲鬼」轉換為「厲神」，再以祭祀群體的形成，將厲神再轉換成「香火神」（很複雜吧！）。

黃文博（1991）曾就臺灣民間的「有應公」的信仰，依性質將之分為十三類，分別是：野墓有應公、水流有應公、戰亡有應公、民變軍民戰亡者、台民抗日戰亡者、成仁有應公、車禍有應公、囡仔有應公、女娘有應媽、外人有應公、發財有應公、牲畜有應公、縹緲有應公等。

我們可以由以上如此繁雜的種類來說明「有應公」信仰的「奇、異、多、雜」。另外根據洪惟仁（1994）的說法則認為：臺灣自從漢人移民來台後，枉死的人很多，有因蕃人「出草」而死的、有因械鬥、戰爭而死的，後人建「義塚」，把它稱為「義勇公」、「聖公」；也有因航海遭遇海難，屍體漂流到岸上，後人為他們收埋的「水流公」。也有因為洪水氾濫，屍骨漂流，人們為之「卻骨」，裝入「金斗甕」埋葬的「金斗公」、「金斗主」、「金斗公廟」。至於「萬善公」、「大眾公」、「萬善祠」、「千家廟」或「萬善同歸」等，則是因為開墾田地，挖掘到眾多的枯骨，人們將之集中收埋後就這樣稱呼。還有因瘟疫流行，屍骨遍地，人們收埋後，稱之為「普渡公」。而「大眾爺」本來是指因殉職的將軍、兵士，後來才成為孤魂野鬼的鬼頭。此外，鬼也有女性，前面

所說的「公」都可以改成「媽」，如「有應媽」、「大眾媽」、
「聖媽」等。

　　這些「有應公崇拜」的對象，通常是意外曝露出來的屍體或
枯骨，人們將之集中收埋而建立各種的「廟」、「祠」、「壇」、
「亭」、「堂」等供人祭拜，我們將此現象稱為「有應公崇拜」。

　　與「有應公」有關之台語俗諺約有以下二則：

1、少年若無一擺戇，路邊哪有有應公。（《諺典》，頁128；
《俗典》，頁114）

　　Siàu-liân nā bô tsit-pái gōng, lōo-pinn ná ū Iú-ìng-
kong.

　　根據陳憲國、邱文錫（1998）的解釋是：「一擺戇指做一次
傻事，此處意指冒險的傻事。有應公指路邊無主鬼魂，通常會建一
座小廟來奉祠他們，據說這些鬼魂十分靈驗，有求必應，因此稱此
廟為有應公廟，此鬼魂為有應公。這些鬼魂大部分是冒險、投機，
而流浪到此地的外地人，他們美夢成空，變成孤魂野鬼。形容人生
總有一兩次做冒險犯難的傻事，不足深究。」

　　楊青矗（2001）則是解釋為：「少年若沒有愚蠢一次，路邊
就沒有收留孤魂野鬼的有應公小廟。勸人有生命危險的愚蠢冒險，
一次都不能有。」

　　吳瀛濤（1975）則是解釋為：「少壯不努力，老大徒傷

悲。」

「戇（gōng）」與「公」（kong）兩個字同韻，這是台語俗諺中所常見的押尾韻形式。

若是以這句俗諺的文意並參照其他文章的說法，應該是以楊青矗的說法較為適當。因為此句台語俗諺是在形容年少時血氣方剛、常逞匹夫之勇，所以常發生意外，若因此而喪失生命，則路邊的「有應公廟」又要增添一條冤魂了。所以台語俗諺用「少年若無一擺戇，路邊哪有有應公」，來勸誡青少年勿逞強好鬥，如此路邊就不需有那麼多「有應公廟」來收留這些無主孤魂了，各位年輕氣盛的少年「捧油」們，大家要記住了哦，千萬不要太逞強啦！

2、世間若無戇，路邊哪有有應公。（黃文博，〈臺灣民間「有應公信仰」類型分析〉）

Sè-kan nā bô gōng, lōo-pinn ná ū Iú-ìng-kong.

這句台語俗諺是說，世間很多戇人，逢廟必拜，所以「有應公」廟就在這種無所不拜的人的需求之下，一間一間的林立於路邊。

這句台語俗諺，反映了臺灣民間信仰較不理性的一面。所謂「有應公」就是「有求必應」，人們對於有應公的祈願，往往是最現實的慾望，人們到有應公廟幾乎是無所不拜、無所不求，所以有應公廟就常會看到賭徒、盜賊、特種營業者來祭拜。有應公這樣

「有庇無類」，也讓它處於「亦正亦邪」的形象之中。然而這樣對有應公的祭拜祈求，真的會有成效嗎？世間若是少一些「戇人」來拜「有應公」，或許這些「有應公廟」就會少一點了。這句台語俗諺說出了臺灣人「逢廟必拜」、「無廟不拜」的現象，或許也希望能藉此點醒一些無所不拜的人吧！

三、台語俗諺中的人鬼關係

　　人鬼關係一直是唐代傳奇以及歷代志怪小說重要題材之一，如干寶的《搜神記》、劉義慶《幽明錄》、劉敬叔《異苑》等，就收錄了不少人與鬼之間的故事，在志怪小說中，最著名的當推清代蒲松齡的《聊齋》，他在自序中稱：「才非干寶，雅愛搜神；情類黃州，喜人談鬼」，所以他的《聊齋》一書中，有為數不少的「人鬼故事」。

　　這些志怪傳奇小說的價值是什麼？鄭志明《中國社會鬼神觀念的衍變》一書中，在其中一篇〈《搜神記》的生命觀念〉（2001）提到：六朝的志怪小說是當時各種靈異傳聞的集體創作，雖然大多採用了史傳式的文體與筆調，其內容好談怪力亂神，對各種神祕事蹟有著浪漫的想像，大抵可以說是神話或接近神話的文學作品。這一類作品雖然來自於當時文人的傳抄與記錄，夾雜不少同期文學哲學等人文理念，但就其思想的本質實來自於當時民眾集體式對人類身心、靈魂等問題的共同認知與信念，其背後有著源遠流長的民間文化傳統與思想價值意識。

　　由此段說明可知，這些志怪傳奇故事，可相當程度地反映人民百姓對於鬼的集體意識與觀念，我們也可從中了解古人對人鬼關係的思想與看法。

　　志怪小說反映了人民的集體意識，同樣的道理，台語俗諺，也是對先民宗教觀念的一種忠實反映，台語俗諺表現了人民的思想

情感與社會面貌，保留了先民的共同意識，傳遞了臺灣先民的觀念，讓我們得以藉由台語俗諺，理解以往臺灣社會對於「人與鬼」的關係與其看法。為了更加明白此議題，以下就分為：「人與鬼的關係」、「鬼作祟人間」兩部分來探討。

人 與 鬼 的 關 係

神鬼傳奇諺語故事──台語版
鬼驚惡人

古早古早有一个人姓介，伊的職務是侍郎（sī-nn̂g），人攏叫伊「介侍郎」。伊有一个全族仔的兄弟，個性足倔強、硬骨、鐵齒銅牙槽，伊誠討厭別人咧講鬼神的代誌。伊若到每一个所在，攏刁工去揣逐家喙內所講的「無清氣」的所在來蹛。有一擺，伊經過山東，蹛佇某一間旅社，就有人講西爿的廂房有鬼怪，介某人聽了誠歡喜，伊拍開西廂房就直接蹛入去矣，啥物攏毋驚。伊嘛毋睏，就坐咧等，看會發生啥物代誌。到差不多二更的時陣，伊就聽著有厝瓦摼著厝頂的聲音。

「你若是鬼，你就用厝頂無的物件摼予我看覓咧，按呢我毋才會驚你！」介某就大聲佇遐咧嗙（lé）。

無一睏仔，就有一塊石磨仔摼落來。

「你若是屬鬼，一定有法度共我的桌仔捴予破，按呢我才會驚你！」介某人閣再大聲共詈！

這個時陣，隨就有一塊大石頭落落來，共桌仔捴甲變兩半。

介某人這改真的火大矣，大聲撟講：「你這个垃圾鬼、糞埽鬼、狗奴才！你若有才調，你就共我的頭殼損予破，按呢我才會共你信篤！」

話講了，他就隨徛起來，伸手共帽仔提起來擲佇塗跤，頭攑懸懸身軀挺挺徛佇遐，等待後面的動靜。

這個時陣，厝內恬甲連一滴聲音都無，西廂房就毋捌閣出現怪代誌矣。

人講：「鬼驚惡人」果然是有影的！

神鬼傳奇謎語故事——華語版
鬼驚惡人

以前有一位姓介，職務是侍郎的「介侍郎」，他有一個同族的兄弟，個性非常強悍，他很厭惡別人談論鬼神的事情。他每到一個地方，都喜歡去找大家口中「不吉祥」的地方來住。有一次，他路過山東，住在某間旅店，有人說西邊的廂房有鬼怪，介某人聽了很高興，打開西廂房就直接住了進去。他也不睡覺，就坐著等，看看會發生什麼事。到了大約二更天的時候，他就聽到有瓦片砸到屋

頂上的聲音。

「你若是鬼，你就用屋頂上所沒有的東西砸給我看看，我才會怕你！」介某就大聲罵道。

不一會兒，果然砸下來一塊石磨。

「你要是厲鬼，一定能砸碎我的桌子，那我才會怕你！」介某又再大聲咒罵！

這時，馬上就有一塊大石頭掉了下來，把桌子砸成兩半。

介某這次真的火大了，大聲罵道：「你這個垃圾、狗奴才！有本事你就砸破我腦袋，我就服了你！」

說完話，他立刻站起來，伸手摘掉帽子丟在地上，抬起頭直直的站那裡等下一個動靜。

這時，屋裡安靜得一點聲音也沒有，西廂房就再也沒有出現怪事情了。

人們說：「鬼驚惡人」果然是真的！

台語俗諺──說神論鬼

文學作品中的人鬼關係密切且複雜。無論是人鬼相戀、風流艷史、鬼神現形、調皮嚇人，或是人鬼相鬥、人鬼親情、人鬼互助等（許素娥，1992），這些故事往往吸引人們的目光，使人流連其中，馳騁於書中所構造出的幻想世界，這也是另一種「鬼文化」的呈現。但台語俗諺中人鬼的關係就較為緊張了，既不浪漫，也不

吸引人，俗諺中有的只是濃濃的諷喻，表現出先民在現實生活中奮鬥的智慧結晶。台語俗諺中的「鬼」，是需要人們加以提防的，稍不小心，或許就被「鬼」牽著鼻子走了。像台語俗諺中的「人牽毋行，鬼牽溜溜行」，就是「人」被「鬼」引誘去做壞事。其他還有不少俗諺是在說明「人鬼關係」者，以下詳細說明。

1、鬼驚惡人。（《陳諺（二）》，頁149）

Kuí kiann ok-lâng.

用以譏刺欺善怕惡的奸究之徒，說他們在惡人面前，都將露出原形，而逃遁無蹤的。為什麼？因為民間相信「惡人」耿直，帶有剛強之氣，奸鬼的人是站不住腳的（陳主顯（二），2000）。

鬼怕惡人。罪大惡極之人，不只人會怕，鬼也畏懼三分，「鬼看到也驚」，因為惡人的思想已經被邪惡佔據了，已經無所畏懼了，通常只求一死而已，還有什麼好害怕的，台語俗諺中「敢死鬼都驚」（《徐諺》），就是在說這種奮不顧身，置死生於度外的人，連鬼都怕他。

上面故事中的主角，雖不是罪大惡極之人，但其個性強悍，與常人異，不管鬼如何作弄他，他也不感到害怕，更不屈服，甚至以生命與鬼相賭。膽大剛直到這種地步，也難怪連鬼都要畏懼他三分！由此可見，鬼對於凶惡剛直之人，是會害怕的。

此則台語俗諺主要是在奉勸世人，莫要成為欺善怕惡之徒，

因為「惡人自有惡人治」、「惡馬惡人騎」，「惡鬼」也一樣會有「惡人」來整治！

2、交官窮，交鬼死，交牛販食了米。（《陳諺（六）》，頁338）

Kau kuann kîng, kau kuí sí, kau gû-huàn tsia̍h liáu bí.

這句話提醒人不要交陪當官的，還有鬼和牛販也都不可交往。因為這三樣人物消耗人的錢財，威脅要人的生命，浪費人的蓬萊米飯（陳主顯，2001）。

這句俗諺以押「頭尾韻」的方式來形成用韻效果，也就是以同字頭韻配合普通尾韻的方式來表現。首字皆為「交」字韻，尾字「死（sí）」、「米（bí）」押韻。吳瀛濤《臺灣諺語》則（1990）寫為：「交官窮，交鬼死，交富豪做乞食，交縣差食了米。」

為何與這三種「人士」交往會對自己有所傷害呢？

首先說到「交官窮」。當官之人，皆希望別人吹捧逢迎，若與之交往，必定需要花錢？時日一久，不免要破費傷財，所以台語俗諺才會說「交官窮」。

再者，與鬼打交道的人，必定有所圖謀，否則人鬼兩殊，為何會與鬼交往呢？前文所提到的「養小鬼」，就是一個例證！與鬼交往的結果，往往是「有形」的「人」，被「無形」的「鬼」所傷

害，嚴重者或許會導致死亡的後果。

　　為何「交牛販食了米」？舊時臺灣以農業為主，「牛」是很重要的生財工具之一。農人在買賣牛隻時，牛販也扮演著相當重要的角色，因此也有不少台語俗諺與之相關，如：「一條索仔撢（tàn）予去，十個牛販九個術（su̍t）」，前句是描述牛販在牛墟賣牛的動作，後句則是說十個牛販有九個「術仔」，也就是「騙子」之意。另外，還有說當牛販好賺錢，如：「第一行郊，第二牛販」；或者是說牛販不可靠的，像：「交陪醫生做藥櫥，交陪牛販駛瘦牛」（陳主顯，2001（六））。以上的台語俗諺都說明了牛販在臺灣人的心目中的形象不佳，所以此句俗諺描寫的「交牛販食了米」也是一種負面的形象，說明若是與牛販交往，只是「食了米」而已，沒有實質的助益。

　　此句台語俗諺所表現出的人鬼關係是：與「官」、「牛販」等人交往，就如同與「鬼」交往一般，是不會有什麼好處的，甚至還會惹禍上身，不可不慎。

3、見人說人話，見鬼說鬼話。（《陳諺（六）》，頁146）

　　Kìnn lâng kóng lâng-uē, kìnn kuí kóng kuí-uē.

　　本句是說尪姨、童乩一類的靈媒所要具備的說話能力。引申有二：一是他們的話不可相信；一是用來譏諷做人說話沒原則（陳主顯，2001（六））。

　　尪姨、童乩這一類的靈媒，職責是溝通人鬼，所以必須聽得懂「鬼話」，否則無法傳遞訊息給人鬼雙方。只是這些靈媒所說的話，是否可信，那就見仁見智了。由於社會上出現太多「神棍」欺騙大眾之事，所以對他們所說的話，多數人都是持保留的態度。台語俗諺對這些人的言語行徑，便做了如此的註腳，這也是對他們的嘲諷。

　　另外有些人行事說話沒有原則，缺乏誠信，或者兩方都欺騙，或者兩方都討好，總之就是沒有一個固定說法。這種人無論如何是不可相信的，台語俗諺將之歸類於「牆頭草」，總是順隨風勢，「兩邊倒」！

4、講人人到，講鬼鬼到。（《諺典》，頁643；《俗典》，頁533）

Kóng lâng lâng kàu, kóng kuí kuí kàu.

　　此諺是說，才剛說某人，某人就到來了；才剛說鬼，鬼就到了（楊青矗，2001）。

　　在這句台語俗諺中，人與鬼都可能「隨傳隨到」，這或許是巧合，但也足以說明，人世間有太多無法預料的事。此諺與華諺中的「說曹操曹操到」類似，只不過主角換成了「人」與「鬼」而已。當我們在談論某人時，怎麼會料到此人正在左右，談論到他時，他正好出現。「講鬼鬼到」是較為負面的說法，通常是說遇到

了我們不喜歡的「人」，俗諺將他比喻成「鬼」一般地不受歡迎。
此諺中的「人」與「鬼」，分別代表著善、惡兩種不同的情形。

5、加兩支角，就是鬼。（《俗典》，頁141）
　　Ka nn̄g-ki kak, tsiū sī kuí.

　　形容人精明、鬼靈精或奸詐，常以「鬼」來作比喻。台語有
「足鬼」，「做代誌若鬼咧」等語形容這種人就是「鬼」，只欠兩
支角。本句或簡化為「欠兩支角」（楊青矗，2001）。

　　另有寫為：「加兩支角是精」（《諺典》）。

　　只要談到鬼，漢人心目中的鬼形象大概就是煞白長臉，血盆
大口，獠牙利齒的恐怖造型；另外，白衣勝雪、清麗純情的女鬼造
型，更是深入人心。總之，它們的樣態與一般人是不同的。

　　台語俗諺中的鬼形象，代表了大眾心中的觀念，或許臺灣人
的想法是「鬼有兩支角」。前文曾提到的鬼王——「大士爺」的造
型就是如此，除了雙眼突出，口吐火舌之外，更具有「青面獠牙、
生毛帶角」的特徵，一般廟宇中的鬼怪，亦有此兩支角的造型出
現。所以台語俗諺以此種造型，說明一個人若是過份精明奸詐，就
像是「鬼」一樣的精明，只差沒長兩支角。

6、人牽毋行，鬼牽溜溜走。（《俗典》，頁50）

　　Lâng khan m̄ kiânn, kuí khan liù-liù tsáu.

　　原文用字是「人牽姆行，鬼牽溜溜走。」

　　好人拉著走或是好話勸導都不聽；壞人一說就跟著跑。比喻從惡不從善（楊青矗，2001）。

　　鬼會令人害怕的原因，除了鬼會作祟於人以外，鬼還會魅惑人類，使人心神喪失，任「鬼」擺佈。這種現象使人們不安，深怕有一日，自己也會被鬼所控制。袁枚《子不語》中所記的：「鬼有三技：『一迷，二遮，三嚇。』」，鬼的技倆第一步就是迷惑他人，使人神魂渙散，若能定下心神，當能不畏鬼迷。

　　但這句台語俗諺所說的，卻與鬼的魅惑無關，而是在說人的自我迷失，不願回頭。此句俗諺指出，明明就有善人在前引導，但有人就是偏偏要跟著惡人去做罪惡之事，這是人的自甘墮落！這句俗諺是在說，一個人若無法定下心志，外界的誘惑一來，很容易就被牽著鼻子走，此句台語俗諺提醒所有人，不要被像「鬼」一般的「惡人」所迷惑了！

7、身裡無邪不怕鬼。（《諺典》，頁289）

　　Sin lí bô siâ put-phà kuí.

不做壞事，身上就沒有邪氣，也就無所畏懼，不怕邪魔鬼怪的干擾（陳憲國、邱文錫，1999）。

華諺有云：「平生不做虧心事，夜半不怕鬼敲門」，只要心中正氣凜然，鬼也就不敢侵犯，尤其對於福善、節孝之人，更不敢放肆。

此則台語俗諺為我們的為人處事，立下了箴言，人若能為善，心中正直無邪念，就不怕外來鬼怪的侵擾。

8、屎緊毋驚鬼。（《諺典》，頁331）

Sái kín m̄ kiann kuí.

屎緊即急著要大便（陳憲國、邱文錫，1999）。

「毋驚鬼」是說不怕鬼。舊時的臺灣廁所，多半設置在離住家有些距離處，這是因為大多數人家中都有安奉「公媽」，為了不褻瀆神靈，以及為了避免汙穢及臭味等衛生因素，所以「屎礐仔（sái-ha̍k-á）」（廁所）通常不會設在家中。因此會在房間中準備「塗桶（thôo-tháng）」，以便夜半尿急時可供使用。但若是半夜急著上大號的人，就必須要到「屎礐仔」去上。有時縱使百般不願意，但卻因「屎緊」，就沒有怕鬼的權利，硬著頭皮也是得去，所以這句俗諺，頗能生動地表現出人們在有生理需求時的樣態，這是俗諺中幽默的一面！這句台語俗諺亦可用於比喻事情急迫時，人的膽子也會變大。

9、拍鑼嚇鬼。（《俗典》，頁233）

Phah lô hánn kuí.

原文用字是「拍鑼哄鬼」。

打鑼嚇唬鬼。喻虛張聲勢，以威恫嚇（楊青矗，2001）。

鬼怕的東西很多，人們會用這些物品來驅邪避鬼，這就是民間所謂的「厭勝物」（amulets）。根據周榮杰（1987）的研究，他認為：厭勝物之所以有效力，可能來自於其物質的內在力量，例如七星劍、爆竹等；也可能來自於其原本就具有力量的物品中的一部分，例如某些動物的頭部，某些植物的枝葉；也有可能是來自於有力者的偶像、象徵物等，例如鍾馗像或寫有「黃飛虎在此」字樣的牌子；還有可能來自於巫覡所賦予的符籙、香火等。

這些厭勝物也可以是墨、鏡子、墨斗、燈、銅、豆、爆竹、銅鑼、剪刀、鐵釘、窗花、方石、漁網、虎形、革帶、蘆索、米、牛、尿、褲帶、黑驢蹄子、木匠所用墨線、八卦、脂粉等等（馮藝超，1997）。所以「人」也不要太妄自菲薄，「鬼」也是會懼怕人世間許多事物！

此句「拍鑼嚇鬼」，目的是要使鬼驚嚇。據上文所列之器物中，「銅鑼」亦是民間常用的厭勝避邪之物，所以台語俗諺舉「銅鑼」來嚇鬼，亦是有所依據的。

鬼 作 祟 人 間

神鬼傳奇諺語故事──台語版
無鬼袂死人

　　古早古早有五隻鬼，其中有四隻無目睭，干焦一隻鬼有一蕊目睭，其他四隻鬼攏愛靠這隻有目睭的鬼才有法度看物件、行動，所以人攏共伊這五隻鬼叫做「一目五先生」。佇瘟疫流行的時陣，這五隻鬼攏規工做伙，除了有目睭的彼隻鬼以外，其他四隻鬼攏無法度家己行動，一切攏愛聽彼隻「一目鬼」的命令。

　　這五隻鬼會來人咧睏的所在，用鼻仔去鼻人的味。聽講這五隻鬼毋是做一擺去鼻人，個是一隻一隻照順序去鼻，按呢，若去予伊鼻過的人就會破病，若是有人去予這五隻鬼全部攏鼻過了後，彼个人就會死去。

　　聽講有一个姓錢的查埔人就有親目睭看著「一目五先生」害人的過程……。

　　彼是佇某一間旅社，彼工，旅社有誠濟人客來蹛，暗時仔，逐家攏睏去矣，干焦這个查埔人閣醒咧，突然間，燈火杳杳仔變暗，「一目五先生」就雄雄出現矣……。

　　其中一隻鬼拄欲鼻某一个人客的時，「一目五先生」就開喙矣：

「伊是一个好人，袂使共伊鼻。」

所致，另外一隻鬼又閣接近另外一个人客，「一目五先生」
閣講：

「彼是一个有福氣的查埔人，你袂當共伊鼻。」

後來，第三隻鬼欲接近另外一个人客的時，「一目五先生」
又閣開喙矣：

「彼个查埔人是一个大歹人，恁袂使共鼻。」

「按呢到底是欲鼻啥物人啦？」這个時陣，四隻鬼就開喙問
矣。

「一目五先生」就指另外兩个人講：

「伊，閣有伊！這兩个人無做善事嘛無做歹代誌，無福無
祿，若像當咧等咱來食個。」說煞，四隻鬼就照順序共個兩个人鼻
鼻咧，最後，「一目五先生」嘛加入矣。

這个姓錢的查埔人恬恬佇遐看，發現彼兩个人客的喘氣沓沓
仔變弱矣，啊彼五隻鬼的腹肚煞開始脹起來。

「無鬼袂死人」，聽講，「一目五先生」攏會佇疫病流行的
彼冬出現……。

神鬼傳奇諺語故事——華語版
無鬼袂死人

　　從前有五隻鬼，其中有四隻沒有眼睛，只有一隻鬼有一隻眼睛，其他四隻鬼全都依賴這隻有眼睛的鬼才能看東西或行動，人們因而統稱這五隻鬼為「一目五先生」。在瘟疫流行的時候，這五隻鬼總是形影不離，除了有眼睛的那隻鬼以外，其餘的四隻鬼都無法自己任意行動，一切都要聽從那隻一目鬼的命令。這五隻鬼會來到人睡覺的地方，用鼻子聞人的味道。據說這五隻鬼不是一次衝上前聞，而是一隻接著一隻按照順序去聞，如此一來，被聞過的人就會生病，若被五隻鬼全部聞過之後，那個人就會死掉。

　　聽說有一個姓錢的男人親眼目睹「一目五先生」害人的過程。

　　那是在某間旅館，那一天，旅館有很多旅客投宿，晚上，大家都入睡了，只有這個男人還醒著，突然之間，燈光漸漸變暗，「一目五先生」出現了。其中一隻鬼正要聞某個客人時，「一目五先生」就開口了：

　　「他是個好人，不許聞他。」

　　於是，另一隻鬼又接近另一個客人，「一目五先生」又說道：

　　「那是個有福份的男人，不許聞他。」

　　後來，第三隻鬼要接近另一個客人時，「一目五先生」又開

口說道：

「那個男人是個大壞人，不許聞。」

「那到底是要聞誰呢？」這時，四隻鬼便開口問了。

「一目五先生」指著另外兩人說：

「他，還有他！這兩人既不為善也不作惡，無福無祿，好像正等著我們吃他。」說完，四隻鬼便按照順序聞了聞，最後，一目五先生也加入他們了。

這個姓錢的男人默默的看著他們，發現那兩位客人的鼻息漸弱，而那五隻鬼的肚子卻脹了起來。

「無鬼袂死人」，聽說，「一目五先生」大多會在疫病流行的那年出現……。

台語俗諺──說神論鬼

人會怕鬼，常是因為鬼的形象醜陋，足以嚇人；或是因為鬼會降禍於人，甚至作祟取人性命，鬼的變幻莫測，更教人防不勝防，這些原因都使人對鬼心生畏懼。通常人鬼是分隔陰陽，彼此相安無事，不致互相干擾。但由於「鬼」是一種「精神幻體」（徐華龍，1991），無可捉摸，於是人們因為心中不安而畏懼。而且人們也相信，無主的孤魂野鬼，會作祟人間，使人生病，甚或是「抓交替」，取人生命，所以人們對鬼總是「敬鬼神而遠之」，能避則避。既然鬼會作祟於人，「無鬼袂死人」，人理當閃避鬼才是，但

台語俗諺卻出現了許多請鬼幫人做事的例子，這無異是引狼入室，自找苦吃。以下將「鬼作祟人間」的台語俗諺說明如下：

1、無鬼袂死人。（《諺典》，頁504）

Bô kuí bē sí lâng.

俗傳有鬼找替身才會死人，民間認為有人死必有鬼來捉，引申為事出必有因（陳憲國、邱文錫，1999）。

一般認為鬼會「抓交替」，並且致人於死，前文「水鬼」一節已有解釋。在這個故事中，若是沒有「一目五先生」，若是沒有「鬼」來「聞人」，人也不會死，也就是說，若沒有鬼來抓交替，沒有鬼來害人，就不會有人死亡。這當然不一定是完全正確的說法，但這句台語俗諺也反映出民間對於鬼害人的深刻觀感。這句俗諺主要是引申為事情的發生，必有其原因，沒有「鬼」這個「因」，就不會產生「死了某人」的「果」。台語俗諺用很淺顯的比喻，就能生動的表達出說話者的意思，這是台語俗諺精準的一面。

2、倩鬼拆藥單。（《諺典》，頁371）

Tshiànn kuí thiah ioh-tuann.

「拆藥單」即拿著漢方藥帖，去藥房抓藥治病。這句俗

諺是說雇用鬼來抓藥治病。比喻引狼入室（陳憲國、邱文錫，1999）。

前一則故事中，人被鬼嗅一次就會生病，次數多了後，就會導致死亡。所以鬼會致人於病的說法普遍存在文學作品中。既然鬼是使人生病的原因之一，竟然雇用鬼去抓藥，這不是自尋死路嗎？另有一則台語俗諺用法與之相仿：「叫鬼去醫病」（《俗典》）。鬼會害人，叫鬼去幫人看病，只會越看越糟。此兩則台語俗諺都在諷刺人做出荒謬絕倫的事。

3、做鬼做祟。（《俗典》，頁374）

Tsò kuí tsò suī.

這句是說鬼鬼祟祟，暗中挑撥搞鬼（楊青矗，2001）。

「祟」，《說文解字》解釋說：「祟，神造成的禍害也」，段玉裁注解釋說：「這是說鬼神引起的災禍也」。可見作祟之事與「鬼神」脫不了關係。凡是人受了困苦，無論是事業上或生理上的病痛，若是無法找到原因來解決，最後總會往「鬼神作祟」的方向來思考。所以人們對於鬼的懼怕感，也是部分起源於此。正因為不知道鬼何時會作祟於人，所以人就要想辦法來避免鬼的作祟，於是出現了「祭厲」以懷柔，「大儺」以驅離，這些做法都是為了不讓鬼作祟於人。

此則台語俗諺是在說明一個人做事不光明正大，只在背地作

怪，就如同鬼也是在暗處作怪一般，這是一句負面用法的俗諺，用
來譏罵他人。

4、惹蜂叮頭，惹鬼捏嚨喉。（《俗典》，頁465）
Jiá phang tìng thâu, jiá kuí nih nâ-âu.

　　此諺是說，觸惹了蜜蜂，它會來叮刺你的頭和身體，使你腫
痛不已；觸惹了鬼神，會被鬼神掐脖子，致窒息死亡。此諺是說惹
不得，一惹禍即上身（楊青矗）。

　　這句台語俗諺使用「頭尾韻」的方式來形成用韻效果，也就
是以同字頭韻配合普通尾韻的方式來表現。頭字皆為「惹」，末字
皆押「au」韻，唸來頗為順口。

　　此俗諺用「蜂」與「鬼」來形容有些事是惹不得的，勸人要
知所進退，若遇到像以上兩類的東西，就算本事再好，也是徒惹一
身腥。

　　當惡鬼作祟，我們不知道會遇到什麼災難，俗諺倒是提供了
我們一些線索：「惹蜂叮頭，惹鬼捏嚨喉」，要我們不要去招惹到
禍害。更嚴重一點的，或許還會被「抓交替」，像台語俗諺中所說
的「無鬼袂死人」，也是在說明鬼危害人間的情況。

　　鬼即使不直接傷害人，也會用其他手段來捉弄人作祟人間，
例如「做鬼做祟」，讓人蒙受損失。請人幫忙，最怕愈幫愈忙，像

台語俗諺就用「倩鬼拆藥單」、「叫鬼去醫病」，來形容人不明事理，要找「人」幫忙，竟找到「鬼」，真是糟糕之至。這些台語俗諺，不但生動的描繪出所託「非人」的窘境，也將鬼作祟人間的情形描寫得非常生動，同時讓我們可以看到先民運用台語俗諺來形容人生情境的智慧。

卷三

台語俗諺的
神明信仰紀事

一、臺灣民間的神明信仰文化

「神啊，救救我吧！我快不行了！」

你有沒有在心中這樣吶喊過呢？你呼叫吶喊的神明是哪一位呢？

臺灣民間所崇拜的神祇繁多，這種多神的現象，其實是為了滿足眾多人民的需要，民間信仰才有許多不同的神祇供人們祈求，而其中多數都已超越了單純的信仰，成為生命禮俗的一部分，也成為臺灣民間信仰與文化特色。

其實，「神」就是人性的投射，天上的神也具有人的形象與一切習性，因為神聖對象的「神性」如果本質上不是人性，或者在神性中沒有任何一絲一毫的人性，那麼神與人之間就沒有任何「共同語言」，不可能進行交際和交流，也就不會有任何形式的宗教。一切宗教的神聖對象的性能，本質上都是人性的，只不過這種人性在神聖對象身上被神聖化而已，這種現象在宗教學中稱之為「人性神格化」。人與神所不同的是，人必須遵循自然法則，神則是不受自然法則的超自然存在。我們可以這樣說，宗教中的神性就是人的人性，神的本質就是人的本質，神靈觀念的產生，是人通過想像力把人的人性和本質，異化或對象化為一個神聖對象的結果，所以，不是神創造人，而是人創造神（呂大吉，1993）。由此看來，人與神之間的差別，只是在於「人身」而已，「人與神」在「精神」的需求上，並無太大差別。

　　什麼樣的人死後可以成為神呢？「神」的形象雖是人創造出來的，但這種創造也不是隨便妄作的。鄭志明（1997）認為要成為「神」，是有客觀文化標準的。在儒家、道家來說，「生為正人，死為正神」這樣的道德人格標準是最常見的。不然就是三不朽：「立德、立功、立言」。

　　由此可知，「神」是由「人」修成的，「正人」與「正神」之間，就是以道德實踐來聯繫，我們可以說，人可以修成神，神則代表了人間高尚的道德修養。

　　若用這種「人格神」的觀念來檢視台語俗諺中所出現的神明，就可以發現許多有趣的現象：神與人一樣有喜怒哀樂，也有愛恨情仇，也會追求愛情，甚至會因愛生恨，最有名的例子就是「大道公」與「媽祖」的故事。台語俗諺中有一句：「大道公想掖媽祖婆的花粉，媽祖婆欲吹大道公的龍袞」，就是在說這兩位仙界怨偶的故事。大道公追求媽祖不成，日後在媽祖誕辰這一天要降雨洗掉祂的花粉；媽祖也不甘示弱，在大道公生日時，颱風吹開大道公的龍袍。

　　這當然是民間附會的傳說，但這是民間信仰文化中，將神「人格化」的典型，也可以由此窺見民間文化可親可愛的一面。我們可以說，台語俗諺中的神明形象，就是人們心中神明形象的轉化，所以我們可由台語俗諺的研究，來探討臺灣人心目中的神明信仰，而能更進一步了解在這島上的人民其社會與文化。

　　臺灣民間宗教中的神明，看似複雜，其實祂們各有所司。其

行政組織，皆是以「人間」為藍本，而且都是古代的君權政體。玉皇大帝是位階最高的神明，祂統轄宇宙、治理三界，各教派教主及所有神祇皆在其統理之下。若以人間的行政組織來看，在玉皇大帝之下，管理著「中央行政神」、「地方行政神」、「陰間行政神」等，其下尚可再細分。如此看來，民間諸神來源似乎相當複雜，究竟該如何分類，學者各有不同主張。

　　本書採用阮昌銳《莊嚴的世界》（1982）一書中的分類法，將台語俗諺中所提及的民間諸神，主要分為：（一）自然神、（二）物神、（三）靈魂神等三大類來加以說明。

二、台語俗諺中的自然神

　　原始人類對於自然界的一切，都抱持著戒慎恐懼的心態，他們不知道大自然中的風雨雷電是如何而來，認為背後一定有某種力量在控制著，於是他們將這種恐懼的心態，轉而成為一種崇拜，並且將這種崇拜人格化，並且敬拜各種大自然現象。演變到後來，人類開始崇拜天、地、日、月、星辰、山、海、川、風雨、雷電、土地、乃至樹木、動物等，這些就是自然崇拜——自然神的由來。漢民族自古以來，便將自然崇拜分為「天神」、「地祇」、「物魅」等範疇，本卷將台語俗諺中保存有「自然崇拜」觀念者加以討論，藉以了解台語俗諺所蘊藏的「自然神」民間信仰文化紀事。

神鬼傳奇諺語故事——台語版
雷公扒尻脊

　　古早古早進前，天頂干焦有雷公，無電母。

　　雷公伊有人的身軀、鳥仔的喙、手提一枝斧頭，身軀頂閣有一對翼股。伊雖然歹性地閣火烌性（hué-hu-sìng），毋過伊足有正義感，做工課嘛誠盡忠負責。因為雷公是掌管天象、氣候的神

明，所以伊嘛掌管穀物、作物的生長情形佮收成。

有一工，雷公就像過去按呢咧巡視民間，無意中看著一個查某人竟然共一碗白米飯倒佇塗跤，真正是拍損人的食物佮五穀，伊就足受氣的。雷公就開始霆雷，「Hong！」一聲，「雷公扒尻脊」，就共彼個查某人摃死矣！。

想袂到彼個查某人往生了後，成做冤魂去共玉皇大帝申冤。

伊共玉帝講：「玉帝啊，我佮阮大家兩个人相依為命，阮大家的身體無好，拄仔好彼年閣搪著洘旱，稻仔收成無好、漲懸價，我向望阮大家會當趕緊好起來，就共白米飯攏留予阮大家食，我家己食菜瓜子來止枵。我去予雷公敲死的彼工，是因為阮大家發現我為著欲有孝伊，逐頓攏食菜瓜子咧過日，阮大家毋甘我遐爾艱苦，就搶欲和我做伙食菜瓜子，就佇阮兩个人咧相挨相推相搶的時陣，無細膩共彼碗菜瓜子捽倒去，拄仔好潑去窗仔外予雷公看著，所以我並毋是像雷公所想的咧討債白米飯，一切攏是雷公誤會矣！」查某人那講那哭，哭甲目屎流目屎滴……。

玉帝聽這个查某人講煞了後，嘛足毋甘伊的遭遇。

玉帝就講：「我這馬任命你做『電母』，我共你做予雷公，你做伊的某，而且我閣特別賜予你兩面鏡。」

「電母，對今仔日開始，若雷公欲霆雷進前，你著愛先用這兩面鏡替雷公炤光，予雷公有法度看清楚，袂使予伊閣再錯手敲死人。」玉帝誠嚴肅按呢講。

所致這馬咱佇廟裡看著的電母金身，伊的手頭攏有兩面鏡，

就是為著欲盡一个「好家後」的責任，嘛避免後擺閣有悲劇發生。後改若拄著咧雷公爍爁的時，凡勢咱就會想著，現此時佇天頂，有一對翁仔某做伙拍拚，當咧全心守護天下的萬物。

神鬼傳奇諺語故事——華語版
雷公扒尻脊

　　很久很久以前，天上只有雷公，而沒有電母的存在。雷公是具有人的身體、鳥的嘴巴、手持斧頭，而且身上還有一對翅膀的神明。祂雖然脾氣暴躁，但卻很有正義感，執行任務也相當盡忠職守。雷公是掌管天象、氣候的神明，所以祂也掌管穀物、作物的生長情形和收成。

　　有一天，雷公照往例巡視民間，卻看到有一名女子將一碗白米飯潑灑在地上，雷公看到她浪費食物、暴殄天物，雷公相當憤怒，便開始打雷，「轟！」一聲，「雷公扒尻脊」，就劈死了那位女子。

　　沒想到該女子往生後，成了冤魂向玉皇大帝申冤。

　　她告訴玉帝：「玉帝啊，我和婆婆兩人相依為命，婆婆身體不好，正好該年又遇到乾旱，稻米收成有限、價格大漲，我希望婆婆能早日康復，便將白米飯全都留給婆婆吃，自己則吃絲瓜子來填飽肚子。我被雷公劈死的那天，是因為婆婆發現我為了孝敬她，餐

餐都偷偷吃絲瓜子，婆婆捨不得我的一片孝心，便搶著和我分食絲瓜子，搶奪時不小心將一碗絲瓜子打翻了，正好潑到窗外被雷公看到。所以我並不是雷公所想的是在浪費白米飯，一切都是雷公誤會了。」女子一邊講一邊哭，哭得眼淚直流！

玉帝聽了這名女子的敘述後，也很心疼她的遭遇。

玉帝就說：「我現在任命你當『電母』，並把你許配給雷公為妻，且特別賜予你兩面鏡子。」

「電母，以後每次雷公要打雷前，你要先用這兩面鏡子為雷公照亮地面，讓雷公可以看清楚，以免祂再劈錯人。」玉帝很嚴肅的說。

因此現在我們在廟宇內看到的電母金身，手中都有兩面鏡子，就是為了善盡「賢內助」職責，也避免下一個悲劇的發生。下次若遇到打雷閃電時，也許我們就會想起，此時此刻在天上，正有一對夫妻同心協力，努力守護著天下萬物。

台語俗諺——說神論鬼

當我們看到天空中「雷電交加」的情形，你會先想到《雷神索爾》？還是「雷公電母」呢？其實他們都是「擬人化」的自然現象……他們還紅到出電影、上電視呢！

雷公又稱雷神爺、雷師或雷元帥。專門懲罰為非作歹、暴殄天物及糟蹋五穀的人。雷聲、閃電、風雨是同時出現的自然現象，

人類由於畏懼巨大的聲響，轉而加以崇拜，所以雷電崇拜其實是人類原始信仰的主要形式。

　　臺灣雷公的造型，頭戴小金冠，嘴像鳥嘴，手持斧頭鑿子，其狀甚為恐怖，作惡之人看了應該會覺得害怕。

　　以下是與雷公有關的台語俗諺：

1、雷公扒尻脊。（《諺典》，頁567）

Luî-kong pê kha-tsiah.

　　扒是抓癢之意，尻脊即背脊，扒尻脊即抓背。雷公專打惡人，威力無窮，被雷公抓背那還有活命？引喻為天打雷劈之意。用來責罵人常做壞事，必遭天譴（陳憲國、邱文錫，1999）。

　　相傳天庭有雷部，雷公負責懲罰惡人，執行天誅，所以若是有人被雷打死，眾人皆會議論紛紛。因為民間相信，只有罪大惡極之人，才會被「天打電劈」，「雷劈」幾乎是一種「天罰」的象徵，所以一般人對於「雷電」都十分敬畏。

　　伴隨著雷公出現的，以「電母」的傳說最為常見。

　　電母即民間信仰中司閃電之女神，起源不算太早。在較早的信仰中，雷神是兼司雷、電二職的，以後分為雷公、電父。但隨著雷神的人格化，雷公的男神特徵凸顯出來，電神便很自然地變為其配偶神，被稱電母了。

　　在楚辭中，早就有「雷師」名詞的出現。《楚辭·離騷》：

「鸞皇為余先戒兮，雷師告余以未具。……吾令豐隆乘雲兮，求
宓妃之所在」。

　　宗力、劉群《中國民間諸神》（1986）一書提到，有一說豐
隆是雲神的名字，《楚辭》注中有提到。然而，漢代時多已將其作
為雷師之名。豐隆二字的發音類似於雷聲的擬聲詞。總之，人化的
雷師已經取代了獸形的雷神。然而，在民間，人們普遍稱呼雷神為
雷公。

　　雷公在民間是天庭罰惡的代表，大家對雷公當是避之唯恐不
及。而台語俗諺用「雷公扒尻脊」，來形容人被雷公「抓背」，也
就是被雷打到，引申為天打雷劈之意。

2、雷公仔點心。（《諺典》，頁567）

Luî-kong-á tiám-sim.

　　民間傳說雷公專打不義不公、為非作歹之徒。此諺常被用來
責備忘恩負義、無情無義之人。雷公的點心當然亦在打擊之列，意
指該遭天譴之徒。常被用來責備忘恩負義之徒，亦常被婦女用來咒
罵無情無義之男人（陳憲國、邱文錫，1999）。

　　「雷公仔點心」也是民間對不肖子弟的規勸之語，用自然現
象的恐怖，讓子弟有敬畏之心，用雷擊天殛，來告誡子弟，不可做
逆天之事。台語俗諺將自然現象與人情世故連結在一起，讓後世子
孫能有敬畏天地之心，可見臺灣先民與自然同在的用心。

3、豬哥鼻,雷公喙。(《諺典》,頁599)
Ti-ko-phīnn, Luî-kong-tsuì.

　　此諺是形容人長得像豬公的鼻子,雷公的鳥嘴,容貌醜陋。民間傳說雷公長相,其醜無比,豬哥的鼻子湊上雷公的嘴巴,其長相還能看嗎?比喻長相醜陋無比。常用在形容醜人之長相(陳憲國、邱文錫,1999)。

　　對於雷公雷神的神性和形象塑造過程,宗力、劉群的《中國民間諸神》(1986)認為,雷公雷神的神性從單純的自然屬性的崇拜,發展到具備了多重的社會職能,而雷公雷神的形象也經歷了「獸形——半人半獸——人形」的發展過程。

　　此段話說明了雷公形象的塑造,經歷了獸形——半人半獸形——人形的過程,台語俗諺中也保留著雷公半人半獸的樣態,再加上後世的渲染,於是就有了現在「豬哥鼻,雷公喙」的用法,雖然此句是用於罵人,但在文化的流傳過程,俗諺卻記錄下雷公形象發展的歷程,這亦是台語俗諺的文化傳承功能之一。

　　雷公是民間神祇中,賞善罰惡的代表。祂擁有處罰惡人的力量——閃電打雷,所以一般人對於雷公,也是多有畏懼。加上雷公面貌醜惡,故台語俗諺以此種面貌形象,轉而用來形容在人世間的某些現象。例如不仁不義之人,相傳會成為「雷公仔點心」,會被

「雷公扒尻脊」，遭到天打雷劈，而且為惡之人，總會有惡報，不是不報，時間未到。台語俗諺用「豬哥鼻，雷公嘴」來形容一個人的容貌醜陋，在一般人的印象中，雷公的鳥嘴造型，的確不好看，台語俗諺用此來形容人，雖然對對方有些不敬，但卻也頗傳神的表達出對此人樣貌的感受。

神鬼傳奇諺語故事——台語版
田頭田尾土地公

佇民間傳說，土地公本成是周武王時代的一个稅官，叫做張福德。張福德定定幫助生活困苦的百姓，嘛做足濟好代誌，伊誠長歲壽，食甲一百空二歲。張福德過身了後，伊的肉身竟然袂爛，有一个散食人用四塊大石頭共伊的身軀圍牢咧，閣誠虔誠來共伊祭拜，從此以後這个散食人的命運就改變矣，伊竟然成做一个好額人。後來張福德保庇散食人的代誌就傳出去矣，落尾伊就按呢成做土地公，而且閣予皇帝賜名叫做「福德正神」，這嘛是咱常在佇土地公廟看著「福而有德千家敬，正則為神萬世尊」聯對的原因。

傳說中，土地公的生日是舊曆二月初二，這一工百姓會攢三牲四果佮甜酒等等的供品來祭拜，這號做「做牙」。逐個月的初二、十六，做生理的人攏會祭拜土地公，祈求平安健康，事業順利大趁錢。第一擺「做牙」是二月初二，叫做「頭牙」，上尾擺的做牙是十二月十六日，咱攏共叫做「尾牙」。「尾牙」這工，頭家會請辛勞食一頓仔腥臊（tshenn-tshau）的，而且閣會分紅包予個，感謝辛勞這一冬來的辛苦，向望逐家明年繼續拍拚，按呢就叫做「食尾牙」。

　　除了尾牙是佮土地公有關係以外，臺灣的土地公閣有一个特色，就是有一寡所在的土地公頭殼頂會戴一頂代表一品身分的宰相帽，會當戴宰相帽的土地公，就代表伊對國家有足大的貢獻。屏東有名的土地公廟福安宮，聽講就是佇清朝乾隆皇帝彼時陣顯聖幫助欽差大臣「福康安」平定亂軍，福康安就奏請皇帝賜予土地公一品官帽。橫直，若土地公有戴官帽，就代表伊對國家、地方有貢獻：若毋是幫助讀冊人考試順利中進士，無就是幫助生理人事業興旺，生理人叩謝神恩，予土地公有官帽通好戴。

　　後來，土地公就成做民間一个親切可愛閣親近的神明，嘛是一个有智慧的老大人，有需要伊鬥相共的所在，伊攏是有求必應、隨傳隨到，四界攏有人咧祭拜伊，毋才會出現「田頭田尾土地公」這句俗諺。

神鬼傳奇諺語故事——華語版
田頭田尾土地公

　　民間傳說，土地公是周武王時期的一名稅官，名為張福德。張福德經常幫助生活困苦的民眾，而且也做了許多好事，他很長壽，活了一百零二歲。張福德去世後，肉身竟然不會腐爛，有一個窮人用四塊大石頭將他的身體圍住，還虔誠供奉他，之後窮人的命運就改變了，變成一位有錢人。後來張福德庇佑窮人的事蹟傳到鄉

里之間，他也成為土地公，並被皇帝賜名為「福德正神」，這也是我們常在土地公廟看到「福而有德千家敬，正則為神萬世尊」的對聯的原因。

傳說中，土地公的生日是農曆二月初二，這一天人們會準備三牲四果與甜酒等供品敬拜，稱為牙祭。每月的農曆初二、十六，做生意的人會祭拜土地公，祈求平安健康，事業順利賺大錢。第一次的牙祭是二月初二，稱為「頭牙」，最後一次的牙祭則是十二月十六日，稱為「尾牙」。在「尾牙」這一天，老闆會犒賞員工吃一頓好料的，並發紅包給他們，感謝員工這一年的辛勞，期勉大家來年繼續打拚，這就叫做「尾牙宴」。

除了尾牙與土地公有關係以外，臺灣的土地公還有一項特色，就是有些地方的土地公頭上會戴著一頂象徵一品身分的宰相帽，能戴上宰相帽的土地公，代表祂對國家有卓越的貢獻。屏東知名的土地公廟福安宮，據說就是在清朝乾隆皇帝時，顯聖幫助欽差大臣福康安平定叛軍，福康安奏請皇帝賜給土地公一品官帽。總之，若土地公有戴官帽，就表示祂為國家、地方做出貢獻：若不是幫助學子考試順利中了進士，就是幫助商人生意興隆，商人叩謝神恩，讓土地公有官帽可戴。

後來，土地公就成了民間一個親切可愛又容易親近的神明，也是一個睿智的老人，若人們有需要祂幫助的地方，祂總是有求必應、隨傳隨到，到處都有人們在祭祀祂，於是就有「田頭田尾土地公」這句俗諺的出現。

台語俗諺──説神論鬼

　　在臺灣，早期移墾的漢人來臺後，因為環境、氣候與族群之間利益衝突等，使得他們的生命財產非常沒有保障，以致祈求上蒼與神祇保佑變成移民者的精神寄託。當時渡海來臺移墾的先民們，常會將原鄉的信仰一起帶到臺灣來，而當時在閩、粵地區土地神信仰已非常興盛，因此，土地神遂成臺灣先民的普遍信仰。加上漢人固有對土地的崇敬，認為開墾土地前，須先徵求當地土地公的允許，並祈求庇佑開墾順利，所以對土地公的敬奉絕不可怠忽，土地公信仰在臺灣因而更加興盛。故現今臺灣的土地公信仰，可說是漢民族文化的延續及發展，並以閩、粵地區的信仰方式為母體，而在臺灣發展成為信眾最多、最普及的民間信仰（王健旺，2000）。

　　土地公，在臺灣多以「福德正神」及「后土」居多，有的則稱為「土地公」、「伯公」或「福神」。在城鎮及廟祠多用「福德正神」字樣，在郊野及墓地則慣用「后土」。以下將與土地公相關之台語俗諺說明如下：

1、田頭田尾土地公。（《俗典》，頁128）

Tshân-thâu tshân-bué Thóo-tī-kong.

　　田頭田尾都在拜土地公，或有土地公廟。此諺說明土地公是護地之神，所以到處都在拜（楊青矗，2001）。

　　土地公是與民眾最親近的民間神祇。土地公的職責（王健旺，2000）共整理出下列十一項民間信仰中土地公的職務：

　　（1）村落守護神（2）家宅守護神（3）農業之神（4）商家的財神（5）墳墓守護神（6）山神（7）礦業守護神（8）建築業的守護神（9）辦理戶政工作（10）開路神（11）社會雜務之神。

　　漢族自古以農立國，農業社會的發展和土地的關係可說是非常密切，所以漢人的土地神信仰，可說是在遠古時就出現了。

　　起初，土地崇拜是一種自然崇拜，後來逐漸轉化為人格化的大地之神，稱「地祇」，「后土」，由皇帝專祀，而各諸侯國、大夫采邑、鄉里村社則奉祀管理本地區的社神，而且人們也賦加給祂許多社會職能，土地公慢慢轉化成單純區域觀念的守護神了（宗力、劉群，1986）。

　　正因為土地公在民間信仰中，所要擔負的責任如此的繁重，所以只要有土地，就有土地公。在臺灣民間信仰中，土地公可以說是信眾最多的神明，無論是鄉村或都市，從山林到陌野，到處都可以看到土地公廟的蹤影。所以台語俗諺說：「田頭田尾土地公」，就是在說土地公的無所不在。

2、土地公無畫號，虎母敢咬人。（《諺典》，頁91）
Thóo-tī-kong bô uē hō, hóo m̄ kánn kā lâng.

　　相傳山中的老虎屬土地公管轄，沒有祂的首肯，老虎不敢傷
人。形容爪牙們魚肉良民，一定有人在後面撐腰（陳憲國、邱文
錫，1999）。

　　此台語俗諺運用修辭法中的借代法。「土地公」泛指惡人背後
首腦；「虎」則是做惡之人。傳說老虎為山中之王，常會危害百姓
生活，後來由土地公收服。自此以後，虎若要傷人，必須要徵得土
地公的同意，因此台語俗諺說：「土地公無畫號，虎毋敢咬人」，
後來引申為，若是背後無人指使或撐腰，惡人不敢為非做歹。

　　民間也有祀奉「虎爺」者，這是民間信仰的「動物崇拜」。
奉祀虎爺並無專廟，只隨主神供奉。虎爺的主神有二：一是土地
公，一是保生大帝。

　　據阮昌銳（1982）的說法，民間認為虎常跟隨土地公，按照
土地公的命令行動。即使虎傷害了人，也認為是得到了土地公的許
可。一般廟宇中供奉的「虎爺」，是專供土地公騎用的老虎。信徒
認為虎爺的大嘴張開是為了叼著財寶而來。因此，虎爺廣受人民崇
拜，尤其是賭徒和戲劇業者更是深信不疑。

　　因為虎具有雄威，是象徵避邪、驅逐瘟瘴和降服魔鬼的動物
神，所以一般人認為其有鎮護廟宇的功能。雖然老虎是凶猛可怕的

野獸，但是神化的虎爺造型，圓圓胖胖的臉龐，不會令人有望之生懼之感，所以也頗得民間喜愛。

　　總之，此句台語俗諺主要是要表達惡人所以為非做歹，背後必定有人在指使或是撐腰，所以惡人才會肆無忌憚。

3、得失土地公，飼無雞。（《諺典》，頁431）
Tik sit Thóo-tī-kong, tshī bô ke.

　　「得失」是「得罪」之意，「飼無雞」是說雞隻的生長會不健全，甚或死亡，按臺灣民間信仰，土地公是本地守護神，絕不可得罪，否則會雞犬不寧；說飼無雞只不過是一種比喻。現今言土地公，多指各地方或各單位之角頭或惡勢力，得罪了這些「土地公」，真的會吃不完兜著走，何止飼無雞而已（陳憲國、邱文錫，1999）。

　　另外還有一句台語俗諺是：「得罪土地公，雞母狗仔飼袂活」（《俗典》），說的也是類似的道理。

　　土地公是本地守護神，絕不可得罪，否則會雞犬不寧。此句俗諺在此用於勸人勿與地方角頭作對，免得受罪。

　　當土地公成為人格化的神明後，土地公就成了民間常見的神明。民間的土地公，實際上融合了古代君主所祭「天地社稷」中的地祇和社稷。臺灣的土地公，除了每家在家堂設有神像或神位之外，每一個聚落都有土地公的廟宇，通稱「福德祠」。土地公在神

靈系統中是地方基層的行政神，相當於現在的村里長，具有多種職能，雖然祂只是個小神，只能掌理一個小地方，但在祂的管轄地區內，誰也不能看輕祂。就因為這種道理，台語俗諺才會有：「得失土地公，飼無雞」這樣的話。

4、二月二，土地公搬老戲。（《徐諺》，頁63）
Jī-gue̍h jī, Thóo-tī-kong puann lāu hì.

農曆二月二日是土地公誕辰，是日各家各戶均備牲醴前往其廟祭拜。而各土地公廟附近居民亦均聚錢演戲以酬神，且所演之戲均與土地公有關，故稱之為老戲（徐福全，1998）。

其中「二」（jī）「戲」（hì）兩字押尾韻。

農曆二月初二，一般被認為是土地公的聖誕之日。據以下所引用之資料可以得知土地公的誕辰時的概況。像《台灣府志》中就記載了：「二月二日，各街社里逐戶斂錢宰牲演戲，慰當境土神，名曰春祈福」。《諸羅縣志》也記錄著：「二月二日，街衢社里斂錢演戲，賽當境土神，蓋倣古春祈之意」。

不只是農曆二月二日要做戲酬神，農曆的八月十五日，民間認為是土地公得道昇天成神之日，也會舉辦盛大的祭典。關於這點，姜義鎮（1995）提到：農曆二月初二是伯公的誕辰日，當天民眾會祭拜伯公和伯婆，並殺雞宰鴨。土地廟會演唱梨園，祝福「福德正神」千秋。除了春祭外，農曆八月十五日還要舉行秋祭來

感謝伯公的庇佑。這種祭拜風俗歷史悠久，從古至今未曾間斷。每年的農曆二月初二是「頭牙」，農曆十二月十六日是「尾牙」，每個月的初二和十六都要祭拜伯公，其中頭牙和尾牙的祭典比較盛大隆重。

由此可知，農曆二月二日及八月十五日，都是土地公的大日子。二月二日那一天，也就是民間所稱的「頭牙」。在這兩天，民眾都會準備豐盛的牲醴到土地廟祭拜，另外在土地公廟前往往也會有戲台演出，因是專為土地公而演，所以稱之為「土地公戲」，就因為這樣的習俗，所以才有「二月二，土地公搬老戲」的台語俗諺產生。

為何土地公如此受人們敬重？因為人們普遍相信，「得失土地公，飼無雞」，所以尤其在農業時代，祭祀土地公是平日一項重要的工作，特別是農曆二月二日時，不但要祭拜土地公，也有「土地公戲」可看，這就是「二月二，土地公搬老戲」的由來。臺灣許多地方都是「田頭田尾土地公」，也正由於土地公與人們的生活有密切的關係，所以就產生了許多與「土地公」相關的台語俗諺。

神鬼傳奇諺語故事——台語版
母舅公較大三界公

　　阿好嬸仔一世人講好話、做好代，好心好行無病無疼，七十七歲彼冬佇家己的厝內就按呢過往矣！個囝火旺仔心內雖然誠艱苦，毋過伊嘛是照傳統的禮數，去共七十一歲的母舅萬枝仔報喪。阿好嬸仔囝孫滿堂，喪禮辦甲足隆重，予每一個家屬心內攏誠安慰，家屬攏知影阿好嬸仔一定會往生西方極樂世界。家祭、公祭了後，葬儀社的司儀開始大聲唸講：「這馬欲進行封釘儀式，人講『母舅公較大三界公』咱來請孝男的母舅萬枝伯仔來做今仔日的封釘官。」

　　「我來講好話，請逐家聽我唸煞就做伙應『有喔！』」司儀講甲足大聲的。

　　「一點東方甲乙木，囝孫仔代代居福祿。有無？」「有喔！」
　　「二點南方丙丁火，囝孫仔代代賰家伙。有無？」「有喔！」
　　「三點西方庚辛金，囝孫仔代代賰萬金。有無？」「有喔！」
　　「四點北方壬癸水，囝孫仔代代大富貴。有無？」「有喔！」
　　「五點中央戊己土，囝孫仔壽元像彭祖。有無？」「有喔！」

火旺仔個阿舅萬枝仔,隨佇棺木的四个角來釘釘仔(做一个動作爾,無真正釘)逐个人嘛綴司儀的吉祥話喝講:「有喔!」

最後一枝釘仔是釘佇棺木頂頭,予火旺仔會當進行「孝男咬釘」的儀式,咬落來的釘仔會收佇厝裡的烓架桌(ang-kè-toh)頂,等到大孫結婚的時,這枝釘仔會园佇新人的眠床跤代表囝孫仔「代代出丁」、「人丁興旺」的意思。

神鬼傳奇諺語故事——華語版
母舅公較大三界公

阿好嬤一生說好話、做好事,存好心有好德行,沒有病痛,七十七歲那一年在家中壽終內寢!她的兒子火旺內心雖然很難過,但他還是依照傳統的禮節,去向七十一歲的母舅萬枝報喪。阿好嬤子孫滿堂,喪禮辦得非常隆重,讓每一位家屬的心內都獲得安慰,家屬都知道阿好嬤一定會往生西方極樂世界。家祭、公祭之後,葬儀社的司儀開始唸:「現在要進行封釘儀式,人家說『母舅公較大三界公』,我們來邀請孝男的母舅萬枝伯來當今天的封釘官。」

「我來講好話,請大家聽我唸完就一起應『有喔!』」司儀大聲的說著。

「一點東方甲乙木,子孫代代居福祿。有沒有?」「有哦!」

「二點南方丙丁火，子孫代代發家伙。有沒有？」「有哦！」
「三點西方庚辛金，子孫代代發萬金。有沒有？」「有哦！」
「四點北方壬癸水，子孫代代大富貴。有沒有？」「有哦！」
「五點中央戊己土，子孫壽元像彭祖。有沒有？」「有哦！」

　　火旺的舅舅萬枝伯，就在棺木的四個角落釘釘子（做動作而已，並非真的釘下去），每個人都跟著司儀的吉祥話喊說：「有哦！」

　　最後一根釘子是釘在棺木頭頂的位置，讓火旺能夠進行「孝男咬釘」的儀式，咬下來的釘子會收在家裡的佛桌上，等到長孫結婚的時候，這根釘子會放在新人的床下，象徵子孫「代代出丁」、「人丁興旺」之意。

台語俗諺──說神論鬼

　　「三界公」又稱「三官大帝」。三官大帝是「上元賜福天官一品紫微大帝、中元赦罪地官二品清虛大帝、下元解厄水官三品洞陰大帝」的總稱，臺灣民間稱為「三界公」。三界是指「天界、地界、水界」，本來也是自然崇拜，人格化之後成為靈魂崇拜。主宰天界的是天官堯；地界的是地官舜；水界的是水官禹。

　　還有一種說法是認為「元始天尊」有三子，長子名上界，次子名玉皇上帝，三子名叫清虛大帝。上界是賜福天官，管理神界；

玉皇上帝稱紫微大帝，乃天上界之王；清虛大帝就是所謂的三官大帝，也就是在下界治理民眾的神。

民間的說法，三官大帝之位僅次於玉皇大帝，民間奉祀專廟與神像者不多，一般只在各道觀懸掛錫爐禱祭，這錫爐便是所稱的「三界公爐」（阮昌銳，1982）。關於台語俗諺中所論及的「三界公」敘述如下：

1、母舅公較大三界公。（《諺典》，頁192）
Bó-kū-kong khah tuā Sam-kài-kong.

原文用字是「母舅公卡大三界公。」

母舅公即母親的兄弟，一般稱母舅，此處加上一級，是更加尊崇之意，三界公是三個大神，即天官、地官、水官，又稱三官大帝（陳憲國、邱文錫，1999）。

民間習俗，舅舅比三界公還大，因舅舅在親戚中的人倫關係應該最受尊重，有關母親這邊的事，他都會協助處理。此外尚有一句台語俗諺：「天頂天公，地下母舅公」（《諺典》），也是極言母舅的重要，甚至將他與「天公」並列，可見民間對「母舅」十分重視。通常在結婚典禮時，若是有舅父、舅公在場時，常用此俗諺來請他坐首席，稱為「坐大位」，這樣的做法，同樣也是在凸顯「母舅」的地位。

在喪禮中，同樣可以看出母舅的重要性。據洪惟仁《台灣禮

俗語典》（1986）中所記，依照臺灣習俗，在人死後要舉行「封釘」之禮，其過程如下：家族祭祀完畢後，會進行「封釘」儀式，表示同意將死者下葬。如果是男性去世，由同宗的「好命儂」來執行儀式；如果是女性去世，則由外家來負責。在「封釘」儀式中，孝男會拿著「桶盤」，上面放著「長鐵釘」、「金斧」（也就是斧頭）和「紅包」，請封釘人進行儀式，這個儀式又稱為「請斧」。當「封釘」完成後，孝男會用嘴咬起「子孫釘」，如果這個家族的子孫孝順，就不會有什麼問題；但若子孫不孝，那麼「外公」或「阿舅」就會把「子孫釘」敲深一點，讓孝男咬不起來，因而受到懲罰。這個「封釘」儀式的意義在於，外家表示同意女性成員的死因非冤死，同意將其下葬。

以臺灣習俗而言，過世之人若是女方，必須要有「外家」的人來參與，而且棺材要「封釘」，也是必須由「外公」或「母舅」來「封釘入殮」才能出葬的，這個儀式表示「後頭厝」承認其不是冤死，並認可其下葬。

由婚喪禮俗中，皆可以了解「母舅」在臺灣人心目中的重要地位。所以即使「三界公」在神界的地位非凡，但那只是宗教性的。若在人世間，遇到有婚喪喜慶時，母舅公的地位便立刻會被凸顯。此句台語俗諺主要是以「三界公」來映襯母舅的地位，極言母舅公在家族的重要，同時也是一種民間道德倫理文化的表現。

2、枕頭神較聖三界公。(《諺典》,頁304)

Tsím-thâu-sîn khah siànn Sam-kài-kong.

原文用字是「枕頭神卡聖三界公。」

枕頭神指枕邊細語的人,即妻子之意。此句是形容太太的言語非常有影響力……;形容聽老婆話的男人(陳憲國、邱文錫,1999)。

另外尚有一句類似之俗諺:「枕頭鬼,聖過三界公」(《俗典》)。

「枕頭神」、「枕頭鬼」所借代的人都一樣,就是指妻子。她在枕邊的絮叨,勝過天官、地官、水官三界之神的威力。

三界公神力雖可敬畏,但卻茫然不可見。「枕頭神」可就不同了,她是生活中與先生最密切相關的人,家中一旦有事發生,一家之主不免要與「枕頭神」商量,甚至要求助於她,夫妻兩人同心協力,才有可能解決問題,這就是華諺所說的「兩人同心,其利斷金」。相較於三界公,祂只是心靈上的寄託,我們並不知道祂實質上是否真的可以給我們協助,但「枕頭神」卻可以照顧家中所有人每日的生活。所以就一般人而言,「枕頭神」才是每天必須要好好愛惜、尊敬的對象。台語俗諺中所說的「枕頭神較聖三界公」,不僅無庸置疑,而且值得我們深思。

3、落水叫三界，上水叫無代。（《諺典》，頁556）
Lȯh tsuí kiò Sam-kài, tsiūnn tsuí kiò bô tāi.

「落水」是失足跌落水中；「叫無代」是裝做沒事的樣子。此諺是說，跌落水中就大聲呼叫三界公來救命，被救起後卻裝成沒事的樣子。在呼救的同時，當然會許下大願，但被救起之後卻裝成沒事的樣子，自己許的願也就不當一回事。此句是喻人忘恩負義、諷人對救難者或解圍者不知感恩（陳憲國、邱文錫，1999）。

為何落水要叫「三界」呢？人一旦落水，必定呼天喊地，「三界公」正是掌管天、地、水三位一體的神祇，此人又落在水中，不求「三界公」不然要求誰呢？此則台語俗諺，生動的描述了人在危急時，拚命地呼叫任何想得到的神祇，許下任何說得出的承諾。但在獲救之後，就將之前危急時所說的話，完全拋在腦後。此諺主要是譏諷那些忘恩負義之人，在有求於人時，什麼條件都可以開出來，等到度過難關了，之前所答應的事，便完全拋在腦後了。

人倫社會中，我們認為「母舅公較大三界公」。而在家庭裡，「枕頭神較聖三界公」，太太的話，通常是比神明還要神聖的。若是要形容一個人忘恩負義，我們常用「落水叫三界，上水叫無代」這句台語俗諺來譏諷這樣的人，可以說是將這種人的樣態表現得十分傳神。

北斗南斗

神鬼傳奇諺語故事──台語版
北斗註死，南斗註生

　　《三國演義》第六十九回，內底有寫一个故事，是關於精通卜卦的管輅（Kuán-lōo）洩露天機的小故事……。

　　管輅有一工咧散步的時陣，看著當咧做田的少年家趙顏，管輅就共少年仔講：「我是管輅，我看你的天庭發烏，三工內你一定會死！」

　　趙顏爸仔囝聽了，那哭那跪咧拜託伊愛鬥救命。

　　「這是天命啊，我哪有法度共你消災咧？」管輅按呢共個講。

　　趙顏的老爸講：「老夫干焦有這个囝爾，我拜託你愛救伊啊！拜託的啦！」趙顏嘛哭咧求管輅。

　　管輅看個爸仔囝遮爾誠心，伊就共趙顏講：「你會當準備一罐清酒閣有一寡鹿仔肉乾，到南山內底揣兩个行棋的老人。有一个向南坐，穿白衫，生做足歹看面的；有一个向北坐，穿紅衫，生甲誠媠。你趁個行棋行甲當興的時，共酒佮鹿仔肉乾跪咧送予個，等個食完，你就那哭那跪拜，求個賜予你歲壽。」

　　趙顏聽煞了後，就照管輅的建議，攢一寡仔好酒佮鹿仔肉乾去南山，去到遐，真正有揣著二个當咧行棋的老人，伊就照計畫行

事。果然，兩个老人干焦顧行棋，無張持就共酒啉完矣，趙顏就隨那吼那跪拜，求個愛鬥相共，共伊延壽。這兩个老人驚一大越。

「這一定是管子教伊按呢做的，咱兩个人既然有啉伊的酒矣，著愛可憐伊，共伊鬥相共。」穿紅衫的老人按呢講。

穿白衫的老人就提伊身上的簿仔來查看，閣共趙顏講：

「你今年十九歲，應該佇今年就會死矣。我這馬佇十字頭前閣再替你添一个九字，你就會當活到九十九。毋過你轉去了後愛共管輅講，叫伊袂當閣再洩露天機矣，若無伊，一定會受著天譴！」

穿紅衫的老人嘛提筆來共簿仔寫予好，後來兩个人就化作二隻白鶴飛走矣。

趙顏轉去問管輅，管輅講：「穿紅衫的，是南斗星君；穿白衫的，是北斗星君。『北斗註死，南斗註生』，這馬個已經共你延歲壽矣，你毋免閣再煩惱矣！」

神鬼傳奇諺語故事——華語版
北斗註死，南斗註生

《三國演義》第六十九回中，裡面記載一則故事，是關於精通卜卦的管輅洩露天機的小故事……。

管輅某一天散步時，看見在田裡耕田的少年趙顏，管輅告訴少年說：

「我是管輅，我看見你的兩眉之間有一股死氣，三天內你一定會死！」

趙顏父子聽完後，哭著跪拜求他救命。

「這是天命啊，我哪有辦法替你消災呢？」管輅這樣告訴他們。

趙顏的父親說：「老夫就只有這麼一個兒子，拜託你要救救他啊！」趙顏也哭著求管輅。

管輅看他們父子這麼誠心，就跟趙顏說：「你可以準備清酒一瓶、鹿肉乾一塊，到南山中尋找兩位下棋的老人。有一位向南坐，穿白袍，長得很醜；有一位向北坐，穿著紅袍，長得很美。你趁他們下棋興致正高時，將酒、鹿肉乾跪著送給他們，等他們吃完，你就哭著跪拜求他們賜給你壽命。」

趙顏聽完之後，便聽從管輅的建議，準備好酒和鹿肉乾前往南山，果然找到了二位下棋的老人，就依計行事，果然，兩個老人只顧下棋，不知不覺就把酒喝完了，趙顏就哭著跪拜在地求他們幫忙延壽，兩個老人大吃一驚。

「這一定是管子教他這樣做的，我們兩個人既然喝了他的酒，就必須可憐他、幫助他。」穿紅袍的老人這樣說。

穿白袍的老人就拿出他身上的簿子來查看，告訴趙顏說：

「你今年十九歲，應該在今年就會死了。我現在在十字前再幫你加上一個九字，你就可以活到九十九。但你回去後要告訴管輅，叫他不可以再洩露天機了，不然一定會遭到天譴！」

穿紅袍的老人也拿出筆來把簿子寫好，後來兩個人就化作兩隻白鶴飛走了。

趙顏回去問管輅，管輅說：「穿紅衣的，是南斗星君；穿白衣的，是北斗星君。『北斗註死，南斗註生』，現在他們已經幫你延壽了，你不必擔心了！」

台語俗諺──説神論鬼

北斗、南斗信仰，是民間的司命信仰。民間相信人的出生、死亡，是早已註定好的，而掌管死生的神，就是北斗星君與南斗星君。

北斗星即北極星，稱之為北斗星君，有人或謂玄天上帝即北極星崇拜，又謂北極大帝（鄭志明，2001）。

南斗星君，民間又稱之為南極仙翁，南極大帝或南極老人。民間將南斗星與南極星視為同一個，而作為壽星崇拜，尊稱為南極仙翁。其實南極星和南斗星是不同的。南極星是一顆大星，主「福壽」；而南斗星是由南方六個星組成，主「祿壽」。這二者皆為自然界星辰，民間相信這些星辰具有決定人類命運的超自然力，而將祂們作為「壽神崇拜」（阮昌銳，1982）。以下將南斗北斗相關台語俗諺敘述如下：

1、北斗註死，南斗註生。（《諺典》，頁165）
Pak-táu tsù sí, Lâm-táu tsù senn.

北斗星預註人的死亡日期，南斗星預註人的出生日期。此諺形容生死有命，早已註定（陳憲國、邱文錫，1999）。

北斗崇拜在星辰崇拜中地位特殊，這是因為它與人們的生活關係密切。古人很早就意識到北斗七星不但是夜間的指標，而且對於曆法的制定有很大的影響。《史記·天官書》中記載：北斗七星，所謂旋、璣、玉衡，以齊七政。

由此可見北斗在古代的重要性。所以漢代的人們在將北斗人神化的同時，也賦予它一些社會功能，更有的書中說北斗掌年命壽夭、富貴爵祿、歲時豐歉等，不一而足。道教吸收了這種信仰，讓它專掌壽夭，於是「北斗註死」之說因而興起（宗力、劉群，1986）。

關於南斗、北斗崇拜的淵源，丁常雲在〈道教的北斗崇拜及其科儀〉（1997）中說明北斗信仰源於古代的天文學和星辰崇拜，古代天文學將全天分為三垣、二十八宿，以北極為天中，北斗統領天體諸星，宇宙星辰以南北為軸心。南斗是二十八宿中居於北方玄武七宿的第一宿，因南斗專門掌管生存，故又稱「延壽司」，廣受人們崇拜，成為道教信仰的重要內容。

由此我們可以得知，南斗星「延壽」的思想，乃是由道教中

發展而來的。由於道教中對南、北斗星辰的崇拜，影響到民間對南北斗星的看法，於是這種觀念也滲入台語俗諺中，成為日常語言中的材料之一，這就是台語俗諺所代表的文化性作用。

2、未註生，先註死，食偌濟，做偌濟，註好好。（《諺典》，頁191）

Buē tsù-senn, sing tsù-sí, tsiàh luā-tsē, tsò luā-tsē, tsù hó-hó.

死生前定，早在出生前就註定了生死時刻。形容人的壽數，人的富貴窮通，都是老天註定好的（陳憲國、邱文錫，1999）。

在這裡，此句台語俗諺表現了民間文化中的「命定思想」，許多人普遍認為「未註生，先註死，食偌濟，做偌濟，註好好」，只因為「北斗註死，南斗註生」，何時要生，何時會死，已經是註定好的事。即然生死無法左右，只能祈求南斗、北斗星君，幫人增福延壽。

有些人認為這樣的想法，是一種消極的命定思想。但換個角度來想，人生在世，並非事事皆能如意，若人在失意時，民間文化中的「命定觀念」可以適時彌補人們心中的空虛心理，或許可以令人在心理上稍微安適一些。

根據瞿海源在〈臺灣民眾的宗教信仰與宗教態度〉（1997）一文中所做的調查，有高達91.8%的男性民眾，與86.6％女性民眾

認為「自己肯努力，不一定要靠神」。這大致證明了臺灣民眾在基本心態上是世俗的，是傾向理性的，並不完全被這樣的「命定思想」左右。

所以我們可以將民間這種命定思想，看做是一種安慰性的宗教觀念，讓人們在失意時，可以有個宣洩的空間，而且「宿命」的另一個積極意義是「知足」，面對無常的人生，有著惜福的珍重感，這應該也是民間信仰可以帶給我們的人生意義。

三、台語俗諺中的物神

庶物崇拜本來是民間信仰的特色之一。「萬物有靈」的原始泛靈信仰也是漢人民間信仰的主要內容。原始的人們起初認為萬物皆有神靈，後來便演化成只要附有靈的物品就成為靈物或物神。台語俗諺也反映了這種觀念，進一步把這觀念運用在日常語言中，成為傳遞信仰的途徑之一。以下就將如此的庶物、萬物崇拜現象說明如下。

神鬼傳奇諺語故事——台語版
城隍爺的頭殼，你也敢挲

嘉義中寮安溪城隍廟佇乾隆四十年（西元一七七五年）建廟，是臺灣少數有穿龍袍的城隍爺。佇民國九十五年舉辦「城隍文化祭」的時，發生一件驚動全臺灣的「冤魂闖轎申冤」的代誌，號做「泣血狀（khip-hueh-tsōng）」事件。

彼工，嘉義中寮安溪城隍廟當咧舉辦超渡八掌溪冤魂的「八祭普客大典」，原本天頂是萬里無雲，哪會突然間煞按呢烏雲罩

頂，雷公爍爁霆袂停，在場的信眾攏感覺誠不安。這個時陣爾爾，雄雄有一個女信徒手提一大把香，衝來到祭典香案頭前，伊規個人氣掣掣，頭殼額仔的青筋全攏浮出來，袂輸強欲將人拆食落腹……。

「大膽！『城隍爺的頭殼，你也敢摰！』遮有城隍爺咧做主，不得無禮！有啥物代誌寬寬仔講，袂當按呢……！」主事的劉道長看著這種情形，隨大聲共喝！

這個查某人一下聽著劉道長按呢講，隨就跪落來放聲大吼，伊吼講：「城隍爺請替我做主，還我一個公道啦，我毋甘願啦！我予佣一陣人共我凌治甲死，佣閣害我死無全屍，我毋甘願啦！」

原來這個信徒陳小姐，一直夢著一個少年查埔人咧共拜託，叫陳小姐一定愛替伊申冤，嘛共伊的冤情攏呈現佇陳小姐夢中。陳小姐夢醒了後，竟然用喙齒共家己的手指頭仔咬予破，閣佇一條手巾仔頂共代誌寫落來，也就是彼張「泣血狀」。

「泣血狀」所寫的大意是講，百外年前有一個蹛佇八掌溪對岸的少年家，趁暝時蹽過八掌溪想欲掠暗光鳥加菜，結果煞予村民誤會伊是欲來偷掠魚，尾仔就予村民掠去凌治甲死，甚至死無全屍。

這個冤魂百外年來捌去共當地宮廟的神明申冤，煞干焦得著神明一句「無能為力」。遮爾濟年過去矣，伊才揣著對宜蘭嫁來當地的陳小姐，陳小姐才願意替伊申冤。

無偌久，安溪城隍爺降駕佇乩身，嘛隨受理案件。城隍爺聽

著這件代誌了後誠激動，伊借乩身辦案，手提「泣血狀」，焄眾人轉去發生案件的現場，嘛發現「泣血狀」所描寫的景物佮當年發生案件的現場誠成，經過彼搭老一輩的人確認了後，知影百外年前，確實是有這層代誌發生。

安溪城隍爺就透過乩身指示講：「恁遮百年前刣死彼个男性的村民的後代，恁全部攏著愛手提清香下跪，代替恁的祖先共彼个冤魂會失禮！」

落尾，城隍爺才閣施法共冤魂的頭佮身軀接做伙，彼个冤死百年的少年冤魂，才有法度共仇恨放下。

神鬼傳奇諺語故事──華語版
城隍爺的頭殼，你也敢挲

嘉義中寮安溪城隍廟在乾隆四十年（西元一七七五年）建廟，是少數身穿龍袍的城隍爺。在民國九十五年舉辦「城隍文化祭」的時候，發生了一件驚動全臺灣的「冤魂攔轎申冤」之事──「泣血狀」事件。

事情發生的那一天，嘉義中寮安溪城隍廟正在舉辦超渡八掌溪冤魂的「八祭普客大典」，原本天上是晴空萬里，突然間烏雲密布，不斷地打雷閃電，在場的信眾都感到很不安。這時候，突然有一位女信徒手拿一大把香，衝到祭典香案前，整個人非常氣憤，額

頭上的青筋都浮出來了，好像快要把人吃了一樣……。

「大膽！『城隍爺的頭殼，你也敢摮！』這裡有城隍爺做主，不得無禮！有什麼事情就慢慢地講，不要這樣子……！」在那裡主事的劉道長看到這種情形，立刻大聲喊道！

這位女性一聽到劉道長這樣講，她就立刻跪下來放聲大哭說：「城隍爺請替我做主，還我一個公道啦，我不甘願啦！我被他們一群人凌遲到死，他們還害我身首異處，我不甘願啦！」

原來這個女信徒陳小姐，一直夢到一位年輕人要請陳小姐幫忙他申冤，還將當時候發生的冤情重現在陳小姐夢中，陳小姐夢醒之後，就用牙齒咬破自己的手指頭，並且在一條手帕上將冤情寫下來，也就是那張「泣血狀」。

「泣血狀」內寫說，百年前有一位住在八掌溪對岸的年輕人，趁晚上渡過八掌溪想要抓夜鷺加菜，卻被村民誤認是要來偷抓魚，最後就被村民抓去凌遲到死，甚至身首異處。這個冤魂百年來曾去向當地廟宇的神明申冤，卻只有得到神明一句「無能為力」。這麼多年過去了，他才找到從宜蘭嫁來當地的陳小姐，願意替他申冤。

沒多久，安溪城隍爺降駕在乩身，並且立刻受理案件。城隍爺聽到這件事之後很激動，祂借乩身辦案，手拿「泣血狀」率領眾人到案發現場，發現「泣血狀」描寫的當年景物和案發現場很相似，經過地方耆老確認之後，了解百年前真的有此事發生。

安溪城隍爺透過乩身指示說：「你們這些百年前殺死那個男

性的村民的後代，全部都要手拿清香下跪，代替祖先向那個冤魂道
歉！」

　　最後，再由城隍爺施法替冤魂將頭和身體接合，那個冤死百
年的男性冤魂，才有辦法將仇恨放下。

台語俗諺——說神論鬼

　　城隍又稱城隍爺、城隍老爺。城隍信仰本是對城牆和護城河
等建築物體的崇拜，隨著歷史的演進，繼而人格化成為人鬼崇拜。
什麼樣的人可以當城隍？大致來說，只要為人公正、正義，對地方
有貢獻的先賢，即有可能被上天選派為地方城隍（親愛的讀者，我
們每個人都有機會哦！嘿嘿嘿！）。

　　由於城隍的轄區與地方官相類似，而且官階也近似，因此城
隍被人們視為地方行政神兼司法神，可以解決陽世間無法解決的問
題。所以，我們可以將城隍看做是官民所共祀的神，也是城區的守
護神，為兼施陰陽兩界，職司福善禍淫的公正之神。也因為城隍與
人們關係如此密切，所以自然會與民間的語言相結合，而產生與城
隍相關的台語俗諺。以下加以說明：

1、城隍爺的頭殼，你也敢挲。（《陳諺（二），頁138》）
　　Sîng-hông iâ ê thâu-khak, lí iā kánn so.

原文用字是「城隍爺的頭殼，你也敢搔。」

城隍爺是地方神祇，掌管地方一切事務，祂既為地方總管，竟有人膽敢摸其頭殼，真是膽大包天，真的就是在「太歲頭上動土」。

此句台語俗諺與「摸城隍爺的尻川」（《諺典》）一句相類似。

城隍成為祭祀的對象，出自《禮記・郊特牲》：「天子大蠟八，伊耆氏始為蠟，蠟也者，索也，歲十二月合聚萬物索饗之也……祭坊與水庸，事也」。鄭玄註解：「水庸，溝也」，其下的疏証說，水庸即是城隍，因為水就是隍，庸是溝渠，也是城。但這是由天子來祭拜，民間不可任意祭拜。

城隍的祭祀原來可能只是出於「城」對人民的保護之功，因為原始崇拜認為，凡與人們日常生活有關的事物皆有神靈在，而「城池」與百姓生活有密切關係，有大功於民，所以當然會有城神──城隍來護佑百姓。

在唐代，城隍除了守衛城池，保障治安外，當地的水旱吉凶、冥間事務也全都委託給祂。宋代則連科名、掛籍也歸其掌轄。到了明代，城隍神甚至進一步官方化，這主要得力於明太祖朱元璋的封爵。明太祖對所有的府城隍皆封公，州城隍皆封侯，縣城隍皆封伯。自此，城隍就如同陽世官吏，有爵位、有府州縣的等級畫分，而且有轄區範圍。明朝並且規定，新官到任，必須齋素祭告於城隍廟。清代大致沿襲前朝，除了城隍祭祀規定為正式祀典外，另

外再加上春秋兩祭，所以比起明代是有過之而無不及。

官方如此重視城隍的祭祀，有其政治意義。城隍是相對於人世間的陰間地方長官，陰陽兩治，互為表裡，可以對百姓有多一層無形的約束力量。也由於當政者的提倡，進一步促成民間對城隍祭祀的隆盛，因而日益與民間祭典習俗相結合，使得城隍神的角色和功能更加地豐富（林榮澤，2000）。

因為城隍掌理陰陽兩界，竟還有人膽敢摸祂的頭顱，所以台語俗諺用來形容此人的膽大妄為。

2、會顧得城隍，袂顧得東嶽。（《諺典》，頁549）

kòo tit Sîng-hông , bē kòo tit Tang-gak.

原文用字是「會顧得城隍，袂顧得東嶽。」

此句是說顧此失彼，形容兩件事無法兼顧（陳憲國、邱文錫，1999）。

台語俗諺為何將「城隍」與「東嶽」並舉，而不舉其他神祇為例呢？據筆者研究，可能是此二神之職掌相類似，所以台語俗諺才將其並列說明。

先來明瞭「東嶽帝君」的職務。民間相傳，東嶽大帝是掌管人生壽命的神，凡人死後，第一關就是要向東嶽大帝報到，驗明正身之後，再發送到十殿閻王那裡開始受審。對於東嶽大帝的崇拜，其實是自然崇拜中的山岳崇拜。這樣的山岳崇拜，自古代就已開

始。古代帝王常來泰山封禪，也就是祭天與祭地，後來便視泰山為神。東嶽泰山，簡稱岱，又稱岱山、岱宗、岱嶽、泰山。泰山神格化之後便成為東嶽大帝。

民間相信，東嶽大帝居於陰陽兩洞，執掌人間福、祿、壽、考、貶惡懲奸，為陰間十殿冥王首席，也是地府陰司的主神，乃將現世作惡未敗露者送入地獄，因此民間對東嶽大帝極為敬畏（姜義鎮，1995）。

至於城隍的職掌為何呢？前文曾提及城隍管理陰陽，不只庇佑陽世的人們，就連陰間的好兄弟們，也要受其管理。大體說來，城隍爺受命於玉皇上帝，爵位各有不同，行政區域，亦有廣狹之分。筆者根據姜義鎮（1995）、阮昌銳（1982）書中所寫的內容，將其以表格整理於下：

行政區域	職稱
村莊	土地公
鄉堡	境主公
縣	縣城隍
州	州城隍
府	府城隍
省	省都城隍，又名總城隍
國	國都則為天下都城隍

城隍官職系統分明，各司其責，比起陽世各級官吏，更為嚴格，陽世官吏設官分職，各有專司，陰世官吏亦是如此。若有擴編，則大略依下表行之：

縣城隍編制	六司	糾察司
		速報司
		獎善司
		罰惡司
		延壽司
		增祿司
擴編	兩判官	文判官
		武判官
	牛馬爺	牛爺
		馬爺
	枷鎖爺	兩枷鎖爺
	兩將軍	謝必安
		范無赦
	三十六關將	

　　這樣的編制是因為城隍必須兼理陰陽，故其排場與古時地方官署相似。也因為如此，林美容亦稱城隍為「鬼王」（參見卷二），她說：「城隍廟中所祀的城隍爺，如同陽間法官，能斷陰魂功過，是為鬼王」（林美容，1994）。由此看來，城隍對於冥間也負有管轄之責，且又能庇佑陽間人民。城隍這種兼攝陰陽的功能，與前述東嶽大帝的職掌相類似。或許是因為這樣的原因，台語俗諺才會將之並列，用來說明「顧此失彼」的狀態，台語俗諺用人們熟知的神祇來表現人世間的生活狀態，讓使用者一聽即能領會其中的意涵，這可以說明台語俗諺具有良好的溝通功能。

　　城隍爺在民間信仰中，其地位相當於陽間的縣級行政長官，若有人膽敢「摸城隍爺的尻川」，那不就是膽大包天嗎？連「城隍爺的頭殼，你也敢挲」，就好像在太歲頭上動土一般。若說人顧此失彼，台語俗諺用「會顧得城隍，袂顧得東嶽」來說明，因為此兩者皆為神祇，兩者皆得罪不起。

床母

神鬼傳奇諺語故事——台語版
床母公、床母婆，保庇阮囝勢大漢、勢迌迌

聽講古早古早，天頂有一个白目閣狡怪的仙童。伊常在予天頂的眾神幌頭大聲罵，眾神攏喝講這个仙童真正是一个活骨的囡仔疕，連註生娘娘不管時就是按呢氣身惱命。雖然仙童誠狡怪閣無聽話，毋過，有一位仙女煞共伊惜命命、疼入心。仙女真有耐心，伊攏會提一寡糖仔餅予仙童食，希望仙童著愛乖乖仔聽話。仙童毋但愛食糖仔，閣上愛食雞卵。毋過雞卵毋是逐工攏食會著，仙童竟然共天借膽，去偷提註生娘娘园咧仙山頂懸的雞卵。註生娘娘知影仙童偷提雞卵了後，伊就真受氣，共無乖的仙童拍尻川，拍甲尻川紅記記閣強欲烏青。

「仙童，我決定欲將你拍落去凡間。」註生娘娘誠受氣，就做按呢的決定。

仙童拍落凡間了後，投胎去一戶人家，伊拄出世就嘛嘛吼，一直吼袂煞，害伊的爸母強欲接載袂牢！

註生娘娘佇天庭看著嘛真毋甘，就叫仙女下凡去，「仙女，你去凡間安搭仙童，予伊莫閣繼續吼矣。」

「是，遵命。」仙女的喙角親像咧微微仔笑……。

　　仙女下凡了後，伊就隨間仔隨間去探看覓，看每一个紅嬰仔咧洗身軀。因為仙童進前有予註生娘娘拍尻川過，尻川頓定著是拍甲紅貢貢，若猴山仔的尻川。

　　伊揣過一戶閣一戶，一家又一家，當伊揣著一个尻川紅貢貢閣略仔烏青的紅嬰仔，這一定就是伊欲揣的仙童矣。伊就共仙童抱起來，閣溫柔仔共仙童安搭講：「仙童乖，共你搖搖、共你惜惜喔。」

　　講嘛怪奇，紅嬰仔真正就乖乖仔睏去，無閣再吼矣！

　　落尾，好心的仙女就成做「床母」，來替咱做爸仔母的人鬥顧囡仔。啊若是紅嬰仔身軀有胎記的，人攏會講彼是床母咧做記號，天頂的仙女會特別共伊照顧。

　　後來臺灣人攏會佇七夕彼工，款一碗麻油雞、雞腿、雞卵、油飯、麵線、米酒、圓仔花來祭拜床母，喙裡閣會唸講：「床母公、床母婆，保庇阮囝勢大漢、勢迌迌。」抑是講：「嬰仔睏，一暝大一寸，嬰仔惜，一暝大一尺。心肝仔寶貝無teh借。日時阿母搖、暝時床母惜。」

神鬼傳奇諺語故事—華語版
床母公、床母婆，保庇阮囝勢大漢、勢迌迌

　　聽說很久很久以前，天上有一個很頑皮的仙童，他常常被天

上的眾神喝斥，眾神都搖頭說這個仙童真是個過動的小屁孩，註生娘娘也經常被他氣得火冒三丈。雖然仙童很頑皮又不聽話，不過，有一位仙女卻是非常疼愛他，疼愛到心坎裡了。仙女很有耐心，她總是會拿一些糖果餅乾給仙童吃，希望仙童能乖乖聽話。仙童不但愛吃糖果，他還特別愛吃雞蛋，不過雞蛋不是每天都吃得到。這個仙童竟然向天借膽了，去偷拿註生娘娘放在仙山上的雞蛋。註生娘娘一看到仙童偷拿雞蛋祂就很生氣，就將不乖的仙童抓來打屁股，打到屁股紅通通的都快要瘀血了。

「仙童，我決定要將你打落凡間。」註生娘娘很生氣的做了這樣的決定。

仙童被打落凡間之後，就投胎去一戶人家，他一出生就一直哭，哭個不停，他的父母都快要無法招架了！

註生娘娘在天庭看到後也很捨不得，就叫仙女下凡去，「仙女，你去凡間安慰仙童，別讓他再繼續哭了。」

「是，遵命。」仙女的嘴角彷彿在微笑……。

仙女下凡之後，祂就挨家挨戶去探看，看每一個嬰兒在洗澡。因為仙童有被註生娘娘打過屁股，屁股一定是紅通通的，就像猴子的紅屁股一樣。

祂找過一戶又一戶，一家又一家，當祂找到一個屁股紅通通又有一點點黑黑瘀血的嬰兒，這一定就是她要找的仙童了。當祂找到仙童，就把仙童抱起來，還溫柔地安慰他說：「仙童乖，將你搖一搖、將你疼惜哦。」

　　說也奇怪，小嬰兒真的就乖乖地的睡著了，沒有再哭了！

　　最後，好心的仙女就成為「床母」，來幫助我們當父母的人照顧小孩。若是嬰兒身上有胎記的，人家都會說那是床母做記號，天上的仙女會特別照顧他。

　　後來臺灣人都會在七夕那天，準備一碗麻油雞、雞腿、雞蛋、油飯、麵線、米酒、圓仔花來祭拜床母，嘴裡還唸著：「床母公、床母婆，保庇阮囝勢大漢、勢𨑨迌。」或是說：「嬰仔睏，一暝大一寸，嬰仔惜，一暝大一尺。心肝仔寶貝無teh借。日時阿母搖、暝時床母惜。」

台語俗諺──説神論鬼

　　床的崇拜原先僅為器物崇拜，後來也演化成靈魂崇拜。床是予人安全感最大的地方，等於是在母親的懷裡，因此床就被女性化，民間多尊稱為「床母」，床母亦為兒童的保護之神（阮昌銳，1982）。床母雖然無寺廟，但為求子女成長，夜睡安寧，因此有子女的婦女們都虔誠祭拜。與床母相關的台語俗諺如下：

1、床母公、床母婆，保庇阮囝勢大漢、勢迌迌。（《徐諺》，頁250）

　　Tshn̂g-bó-kong、Tshn̂g-bó-pô, pó-pì guán kiánn gâu tuā-hàn, gâu tshit-thô.

　　原文用字是「床母公、床母婆，保庇阮子賢大漢、賢迌迌。」

　　民間習俗，家有幼子，過年過節要拜床母。此乃拜床母之禱詞。希望小孩子能快快長大，健康活潑。賢（勢）大漢，謂快快長大；賢（勢）迌迌，謂活潑健康會遊戲（徐福全，1998）。

　　在多神崇拜的社會，樹有樹神，床也有床神。民間信仰的床神是女性，所以叫做「床母」，臺灣人以農曆七月七日為「床母生」，要祭祀嬰兒神「床母」，祂是兒童的保護神，通常有小孩的家庭，在孩子十六歲以前都要拜床母。

　　傳說床母生日就在七夕。臺灣人將十六歲以下的孩子稱為

「花園內」，均受床母的保護。所以在這天，這些少男少女，都要從下午六點起，在自己的寢室供祭床母，供品要有麻油雞酒、油飯，並燒床母衣（木刻衣服圖案之金紙），以拜謝床母保護幼兒。燒完即可撤供，希望孩子快快長大，不能拜太久，怕床母會寵孩子賴床。

床母衣的形制與用途如下*3：

形制：尺寸大約是兩寸乘兩寸五分，為紫紅色，上印有紫色雲和花草紋，代表衣料；有的則是印有床公床母神像的紙錢。

用途：用以來祭祀床母、七娘媽、祝生娘娘、十二婆等神祇的。

民間傳說床母的其中之一，就是「三十六婆姐（祖）」。據說，「三十六婆姐（祖）」是註生娘娘——陳靖姑身邊的三十六宮女。民間以註生娘娘為主神的廟宇並不多見，但是幾乎各廟宇都以祂作附祀，並且旁邊都配祀婆姐（祖），他們手中各抱一個嬰兒，有好有壞，以示嬰孩賢與不肖，皆憑積善積德而論。至於為何會有床母公、床母婆？這是由於床母已由自然崇拜轉為人神化，所以也像土地公、婆一樣，有男女之別。

台語俗諺吸收了床母庇佑兒童的觀念，於是出現了祈求「床公」、「床母」保佑未成年的小孩子，會讀書、會玩耍的話語。我們由這句台語俗諺中，除了可以看到台語俗諺所保存的臺灣傳統宗

---

3 內容參照「臺北市殯葬管理處」網頁，網址為：http://www.mso.taipei.gov.tw/

教文化外，更可以由其中看出天下父母疼惜兒女的用心，只要孩子
能平安長大，可以快樂玩耍，對父母來說，就是最大的安慰，其他
還有何可求？台語俗諺中所蘊藏的情感性，我們在此又可以再一次
得到印證。

灶君

神鬼傳奇諺語故事——台語版
灶君公三日上一擺天

聽講，灶君以早是一个散食閣貧惰的少年家，叫做張定福。個某人誠好，逐工攏誠拍拚咧做工課，骨力閣勤儉，趁一寡所費來維持厝內的生活。毋過這个張定福毋愛好好仔去做工課，干焦想欲去外口啉酒、跋筊。日子一下久，個兜散甲無法度過日子矣，張定福竟然共個某賣予一个好額人。

嘛才過無幾工爾，張定福賣某的錢竟然開完矣，所以伊就成做乞食，閣再走去彼个好額人兜的門口來分。就按呢，張定福連紲去揣個某幾若擺，尾仔個某驚予彼个好額人知影，就做誠濟粽，閣偷偷仔共銀兩藏佇粽內面，等張定福來的時陣予伊，嘛叫伊千萬莫閣再來矣。

想袂到，張定福又閣從去到個某遐矣，個某佇灶跤看著伊，真正是氣甲欲死。

「粽咧？你閣共遐銀兩攏開了了矣？」個某足受氣的。

「你哪有予我銀兩？粽我攏提去拄筊數矣！」張定福聽甲花嘎嘎，就按呢應。

「粽內底攏有包銀兩啊！」個某氣甲欲死。

張定福聽了真正是見笑閣受氣，伊氣家已無福氣兼無路用，所以伊就雙手捔頭走去捙壁，捙一下頭殼破去就死矣，死佇好額人個兜的灶跤。彼工拄好是二九暝，無法度落葬，所以個某就清彩佇灶跤挖一个空共張定福埋咧，一直等到初三，才閣偷偷仔共張定福運出去埋佇外口。落尾，因為伊想著張定福誠可憐，就佇灶壁頂安一个牌位共服祀，伊寫的是「定福灶君」四个字。厝邊隔壁看著了後，就問伊服祀的是啥物神？伊就講白賊，講伊是服祀「灶君」，閣講「灶君公三日上一擺天」，著愛服祀這位神明，灶君才會去天庭共恁講好話，才有法度予恁厝裡大興旺。厝邊頭尾嘛攏相信伊的話，所以後來家家戶戶的灶壁頂，就攏有服祀「定福灶君」的神位矣。

神鬼傳奇諺語故事——華語版
灶君公三日上一擺天

　　傳說中，灶君從前是個又窮又懶的青年，叫做張定福。他老婆人很好，每日很努力地在工作，克勤克儉，賺些錢來維持家裡的生計。可是這張定福不肯好好去做工，只想去外邊喝酒、賭博。日子久了，他家裡就一天比一天窮，最後他窮到沒有辦法過日子，張定福竟然把老婆賣給一個富翁。

　　也才過沒幾天，張定福賣老婆的錢竟然花完了，於是他就淪

為乞丐，又行乞到那富翁家的門口來。就這樣，張定福連續去找他舊妻好幾次，最後他舊妻怕被富翁知道，她就做了很多粽子，還偷偷把銀兩藏在粽子裡面，等張定福來的時候給他，也叫他千萬不要再來了。

想不到，張定福又跑去他舊妻那裡了，她在灶房看到他的時候，真的是氣死了。

「粽子呢？你又把那些銀兩花光光了？」舊妻很生氣的問。

「你哪有給我銀兩？粽子我都拿去抵賭債了。」張定福聽了一頭霧水，就這樣回答。

「粽子裡面都有包銀兩啊！」舊妻真的氣死了。

張定福聽了之後真的是既羞又憤，他氣自己沒福氣又無用，所以他就雙手抱頭跑去撞牆壁，撞到頭殼破裂而死，死在富翁家的灶房。那天剛好是除夕夜，沒辦法幫他下葬，所以他舊妻就隨便在灶坑裡挖個穴，暫時把張定福埋起來，一直等到初三，才偷偷把他運出去埋葬。

後來，因為她想到張定福很可憐，便在灶壁上安個牌位奉祀他，她寫著「定福灶君」四個字。隔壁鄰舍看見後，便問她奉祀的是什麼神，她就撒謊說是奉祀「灶君」，又說「灶君公三日上一擺天」，必須要奉祀這位神明，祂才會去天庭替你們講好話，才有辦法讓家裡興旺立業。鄰居也都相信她的話，從此之後家家戶戶的灶壁上，就都有奉祀「定福灶君」的神位了。

台語俗諺——說神論鬼

　　灶君就是司命灶君，又稱司命灶神，或稱護宅天尊，或九天東廚煙主、東廚司命九靈元王定福神君，通常簡稱灶神、灶君或灶王爺。漢人祀灶的風俗，起源甚早。據文獻記載，至少在三千年前商時代就已在拜灶，古代列為五祀之一。

　　灶神主管人們的飲食，民以食為天，可知灶神與人民關係之密切。灶神原為火神，後來變成物神，灶的守護神，且成為人格化的神。原來的職責是守灶，保護一家人的飲食；後來又成為一家人日常行為的糾察神。一家人行為的好壞由其登記，報告上天，依此定人來年的禍福（阮昌銳，1982）。以下將與灶君有關的台語俗諺解說如下：

1、灶君公三日上一擺天。（《諺典》，頁282）
Tsàu-kun-kong sann-jit tsiūnn tsit-pái thinn.

　　灶神每三天回天庭一次，向天帝報告這家人的一切作為。此諺比喻神明隨時都在察看，不可做壞事（陳憲國、邱文錫，1999）。

　　到底灶君多久會回天庭述職一次呢？根據此台語俗諺，灶君是每三天上一次天庭向玉皇大帝報告人間之事。但也有說灶君是一個月回報一次，但較常見的說法是灶君一年返回天庭一次，時間是

在農曆年底。

（1）認為灶君一個月回天庭一次者：

鄭志明〈灶君寶卷中的灶神信仰〉（1988）一文中引《灶君寶卷》中所記載者：「日日稽百善惡事，記清月月奏天廷。每月廿四齊相會，各戶冊籍盡來呈⋯⋯。」此說為「月月奏天廷」，也是每個月回天庭一次。

（2）認為灶君一年回天庭一次者：

徐麗霞〈灶神（下）〉（2000）引《風土記》：「臘月二十四日夜祀灶。灶神翌日上天，白一歲事，故先一日祀之。」這也是在臘月二十四祭祀灶君，因為祂要在這一天回天庭，這也是一年回天一次。

其他各地風俗，若有於年底臘月祭拜灶君者，大部分都是認為灶君每年在這時候會回天上，向玉帝稟告這一家庭一年來的是是非非，所以其觀念即為灶君一年回天庭一次。

大概說來，大部分人都認為灶君是一年返回天庭一次，各地的祭祀灶君活動就依循這個觀念來舉行，所以才會有在臘月二十三、二十四日用甜黏食物來「送灶」的習俗。雖然此句台語俗諺所說：「灶君公三日上一擺天」的說法，不知根據為何？但不管灶君是三日，或是每月，甚或是每年回一次天庭，這些民間信仰，無非都是要我們相信「舉頭三尺有神明」，藉著宗教的力量，讓人們在行為上有所節制，在道德上有所規範，不可任性而為，這應該

就是此句台語俗諺所要給我們的警惕吧！

2、拜灶君，起火袂薰，煮糜緊滾。（《徐諺》，頁276）
Pái Tsàu-kun, khí-hué buē hun, tsú muâi kín kún.

　　這是帶新娘拜灶王時所唸的吉祥話。謂拜過灶君，日後生火就不會燻人，煮稀飯很快就熟了（徐福全，1998）。

　　灶神原為火神，到後來演變成物神，成為灶的守護神，而且逐漸變成人格化的神。原來的職責是守灶，保護一家人的飲食，後來又成為一家人日常行為的糾察神，一家人的行為的好壞由祂登記，報告上天，依此決定人間當年福禍。由此可知，灶君對一個家庭十分重要，且彼此關係密切，因此若家中有新娶媳婦，必定會至灶神前祭祀禱告，祈求新人到這個新家庭中，能儘快適應，並且祈禱新婦在掌理家中飲食大計時，能一切順利。

　　灶君如何由火神演變成為人格化的灶神呢？因為灶與火是不可分的，所以想要知道灶神的源頭，必定要由火神溯源。其實早期的灶神本來是火神的化身。最早的傳說來自於「炎帝」與「祝融」。祂們都是漢人神話中最古老的火神，而且也正是傳說中最古老的灶神。灶神的來源十分複雜，這幾位知名的上古傳說人物，全都與其有關，由此可見，灶神淵源十分久遠。

　　灶神由原來的火神，演變為物神，成為守灶之神，進而成為掌理全家飲食、掌管一家禍福的人格化神祇，所以一般家庭對於灶

神是十分敬畏的。台語俗諺也保留了這樣的觀念，家中新娶的新娘，必會至灶前祭拜灶君，祈求平安。臺灣人還會在灶神兩側貼「上天言好事，下界保平安」的紅紙對聯，以祈求灶神上天在玉皇大帝前美言幾句。還有一種方式，就是用又甜又黏的食物，像湯圓、麥芽糖祭拜灶君的習俗，讓祂「吃甜甜，說好話」、「好話傳上天，壞話丟一邊」，是不是很有趣呢？

　　灶神信仰在漫長的歲月中成形，它濃縮了社會人文的深奧內涵，這是一種文化的象徵，而台語俗諺用簡潔的文字，將這些文化內涵，具體而微的保留下來，對文化傳承而言，具有深遠的意義。

四、台語俗諺中的靈魂神

靈魂神與山、川、水、火、土等大自然崇拜神化後的神祇不同；也與「萬物有靈」的各種物品轉化而成的物神不一樣。靈魂神，顧名思義，就是由人死後靈魂轉變而成的各種神明。本書以（一）佛祖、（二）玉皇大帝、（三）註生娘娘、（四）媽祖、（五）大道公，相關之台語俗諺來加以說明。

佛 祖

神鬼傳奇諺語故事——台語版
先顧腹肚，才顧佛祖

釋迦牟尼佛猶未成佛進前，是一个小國家的太子，叫做悉達多太子。伊捌苦行修道六冬。頭起先，伊逐工干焦食一粒麻仔、一粒麥仔爾，閣來變成七工食一麻一麥，到後來伊竟然就無啉無食矣。落尾，伊變甲消瘦落肉，身軀親像焦柴枝仝款，已經到若用手去摸腹肚，就會當摸著尻脊的地步。有一工，伊拖身拖命來到尼連禪河邊，竟然因為規身軀無力就按呢昏倒，拄仔好去予一个牧羊女看著，牧羊女就用羊奶糜共太子飼，太子才慢慢仔恢復元氣。後來太子雄雄覺悟著：「傷過享受雖然無法度行到解脫大道，毋過若一

直苦行落去，猶原嘛是無才調行入去大徹大悟的法門！」太子就發願講：「我這馬的食食，是為著欲補充氣力來保留智慧佮歲壽，才有法度來度化眾生。」對彼个時陣開始，悉達多太子每工攏有接受牧羊女供奉羊奶糜。一個月了後，太子的體力飽足，已經恢復過去的結實矣。

後來悉達多太子來到一个名叫做菩提伽耶的所在，佇一欉大欉閣茂（ōm）的菩提樹跤坐落來。伊發願講：「我若無成就正等正覺的佛果，我甘願身軀碎糊糊，嘛無欲離開這個所在！」最後伊總算佇菩提樹跤證著菩提道果，創立佛教。

這个故事拄仔好會當說明台語俗諺內底所講的「先顧腹肚，才顧佛祖」這句話。若是悉達多太子當初無先顧家己的腹肚才閣來修道，有可能伊連性命都會烏有矣，嘛失去證道的機會，世間人恐驚就無日後的佛祖通好皈依矣。

神鬼傳奇諺語故事——華語版
先顧腹肚，才顧佛祖

釋迦牟尼佛尚未成佛前，是一個小國家的太子，名叫悉達多太子。他曾經修道苦行六年之久，他由最初每天吃一麻一麥，漸漸變成七天吃一麻一麥，到後來竟然就不飲不食了。最後，他變得極度消瘦，身體像枯木一樣，已經到了用手去摸腹部就能夠摸觸到背

脊的地步。某天，他拖著虛弱的身體來到尼連禪河邊，竟因體力不支而昏倒，正巧一名牧羊女經過，她以羊乳粥餵食太子，太子這才慢慢恢復過來。後來他忽然覺悟到：「過度享受固然不易達到解脫大道，但是一味苦行，也是沒有辦法走入大徹大悟的法門！」太子就發願說：「我現在飲食，是為了補充氣力，以保留智慧和年壽，才能度化眾生。」從此，悉達多太子每日接受牧羊女供獻羊乳糜。一月之後，體力強健，已回復了昔日的壯實。

後來悉達多太子來到了名為菩提伽耶的地方，在一株高大茂密的菩提樹下坐了下來。他發下誓願：「我如果不成就正等正覺的佛果，寧可碎此身，終不起此座！」最後他終於在菩提樹下證得菩提道果，創立佛教。

這個故事正好說明了台語俗諺中所說的「先顧腹肚，才顧佛祖」這句話。若悉達多太子當初沒有先餵飽自己肚子後再來修道，有可能連性命都不保，也失去證得大道的機會，世人恐怕就沒有日後的佛祖可皈依了。

台語俗諺──説神論鬼

臺灣在未有漢人來開墾居住時，本是原住民住地，原住民的文化對臺灣人的影響不多，臺灣的民間文化是在漢人移民來臺灣後，才逐漸在漢文化的基礎上，發展出屬於臺灣人自己的文化。佛教對臺灣的影響主要是在鄭氏東遷後，才逐漸在臺灣發展，進而深

入到語言、文化的各個層面，也影響部份台語俗諺的形成與使用。因此，我們可以在台語俗諺中發現許多與佛教思想觀念相關的俗諺，其中也有一些是以佛教世俗化後的神明為主題的俗諺。

佛教為何會有世俗化的神明？這是因為佛教在傳入中國後，無可避免地會與漢人原有的宗教思想相互交流，也因此會產生一些制度或觀念上的改變，以符合漢人的生活習俗與思想觀念。正因為如此，佛教在漢族的流傳，就形成了兩條不同的路線在前進。鄭志明在《台灣神明的由來》（2001）中提到，佛教在中國的發展出兩種面貌。一方面，佛教依自身的神學系統形成了具有中國特色的佛教體系；另一方面，佛教則被世俗化為通俗佛教的信仰形式。

這些世俗化後的神明，雖然名稱上是佛教的，但在實質上，已經成為一般民眾日常生活中膜拜、祈禱的對象，也已與一般道教或民間信仰中的諸神祇沒太大的差異。這些佛教神祇中，尤其以「佛祖」釋迦牟尼，以及觀世音菩薩最為一般民眾所崇信，所以許多台語俗諺都以其為對象，用祂們的形象來說明某些世俗的道理。

在台語俗諺中所提到的「佛祖」，並不一定都是指佛教中的佛陀釋迦牟尼佛，常常只是一種概念，或是佛教神明、道教神明等神祇、神像的總稱。以下就來說明與「佛祖」相關的台語俗諺：

1、先顧腹肚，才顧佛祖。（《諺典》，頁213）
Sing kòo pak-tóo, tsiah kòo Put-tsóo.

　　腹肚指民生問題，佛祖雖然無比崇高，不過他是宗教問題，跟民生問題比起來，優先順序上差了一點（陳憲國、邱文錫，1999）。

　　這句俗諺是說肚子顧飽了，才能顧到其他問題，用來比喻「食」的重要。

　　此諺運用句中韻與句尾韻。句中押韻的字是「顧（kòo）」；句尾押的是「肚（tóo）」、「祖（tsóo）」。

　　一般而言，「佛祖」的名稱是民間對釋迦牟尼佛的簡稱，因為釋迦牟尼佛是佛教的始祖，又稱釋迦如來、釋迦世尊或釋迦佛祖，所以民間才以「佛祖」或「佛陀」簡稱之。這是由於佛教在古代傳播的過程中，不斷地與漢文化相互接觸，乃至於融合，以至在漢人社會中，就演化成為一種至上神的觀念，成為民眾心中具有崇高形象與神力的神明，甚至可以與道教「玉皇大帝」、「元始天尊」等高階神明分庭抗禮，這是佛教與漢文化融合的自然結果，而這種觀念隨著先民遷移來臺後，臺灣人繼承這些信仰，傳布於社會之中，進而成為台語俗諺所取用的內容。

　　此句台語俗諺中的「佛祖」，除了可以代表釋迦牟尼佛外，還可以泛指一般民間信仰中的各家神明，因為「佛祖」一詞，早已

深入人心，成為神明的代名詞，故此處以「佛祖」來與「腹肚」相對句，除了可以有諧韻作用外，還可以代表「宗教」與「民生」問題之間的差異。

2、一个某，較好三身佛祖。（《吳諺》，頁11）
Tsit ê bóo khah hó sann-sian Pút-tsóo.

原文用字是「一個妻，較好三尊佛祖」。

根據吳瀛濤自己的註解（1975），他註為：「妻（音某），妻、祖（同韻），尊（音仙），太太萬歲。」供奉神像，可以給人們心靈上的安慰，但家裡的妻子，卻可以給家人實質上的照顧，讓生活更加幸福、美滿。

這句俗諺中的「佛祖」就如同前文所說，已不是指「佛陀」，而泛指人們所供奉的神明或神像。這句台語俗諺認為，有妻子的照料是比佛祖無形的庇佑要好多了。俗諺用「一個妻子」與「三尊佛祖」使用修辭法中的映襯手法，兩相對照，果能將妻子的重要性，凸顯出來。此句俗諺，與之類似的尚有：「一个某較好三个天公祖」（《諺典》）。無論是「佛祖」也好，「天公祖」也罷，台語俗諺舉用這兩種神祇，比較大的作用除了可以諧韻外，另一因素就是極言妻子對一個家庭的重要，甚至足以與這些民間信仰中的至上神明相提並論。

3、**看有食無干焦癮，親像佛祖熗油煙。**（《吳諺》，頁130）
Khuànn ū tsiáh bô kan-ta giàn, tshin-tshiūnn Put-tsóo tshìng iû-ian.

原文用字是「看有食無乾乾癮，親像佛祖蒸油煙。」

此句據吳瀛濤的解釋（1975）：「乾乾（音乾踏），癮、煙（同韻）。看得到，但吃不到，只能想入非非而已，其狀一如廟裡的佛祖吃不到供物，而僅燻在縈繞的香火煙裡。」

此台語俗諺主要是在形容看得到吃不到的窘境，有如佛祖佛像鎮日被供奉在神龕上，無法親自下來供桌吃東西。這當然只是一種譬喻手法，佛像當然不可能吃東西，但這也表現了台語俗諺用法中俏皮的一面。

玉皇大帝

神鬼傳奇諺語故事——台語版
某是玉皇上帝，爸母是囡仔大細

唐太宗的宰相房玄齡驚某的名聲，佮伊出擢（tshut-tioh）的政績「仝款有名」。有一工，明明早朝就結束矣，房玄齡閣佇朝中賴賴趖（luā-luā-sô）毋轉去厝，唐太宗感覺奇怪就共伊問原因。

房玄齡講：「請皇上下旨叫阮夫人莫受氣，我才敢轉去。」

太宗聽了驚一越，想袂到房玄齡竟然驚某驚甲這款程度。

家己的宰相遮爾驚某，真是豈有此理。唐太宗真正替房玄齡抱（phāu）不平，太宗就故意賜幾个美女予房宰相，嘛想欲藉這个機會共個某洗面。房玄齡當然是毋敢答應，唐太宗就叫皇后出馬苦勸房玄齡的某愛接受，無想著皇后仝款嘛予個某剾洗。

唐太宗誠受氣，親身出馬欲賜房夫人毒酒。

唐太宗共房夫人講：「你若同意房宰相接受我所送的美女便罷，若是你無同意，按呢你就愛共這杯毒酒啉落去，這件代誌絕對袂當參詳得！」

想袂到房夫人一點仔都無躊躇，毒酒接過來，一喙就共啉落去，唐太宗看著這種情形，心內嘛掣一越，伊吐大氣講：「這種查某人連我都會驚矣，何況是玄齡。」

其實，唐太宗只是提厚醋去嚇驚房玄齡的某，無想著講煞去驚著家己佮眾人。現代人共「怨妒」講做「食醋」的典故，就是對遮來的。

咱台語俗諺所講的「某是玉皇上帝，爸母是囡仔大細」，主要嘛是咧譬相查埔人驚某。驚某無要緊，毋過袂使驚某驚甲將「爸母當成是囡仔大細」無咧聽爸母的話。講正經的，「驚某」其實是一種「哲學佮藝術」，毋過「不孝」就真正是不可取矣。

神鬼傳奇諺語故事——華語版
某是玉皇上帝，爸母是囡仔大細

唐太宗的宰相房玄齡怕老婆的名聲，和他的卓越政績「齊名」。有一天早朝已畢，房玄齡卻在朝中徘徊不回家，唐太宗覺得奇怪而問他原因。

房玄齡說：「請皇上下旨，令我的夫人不要生氣，我才敢回家。」

太宗聽了大吃一驚，沒想到房玄齡竟怕老婆到這種程度。

自己的宰相如此的懼內，真是豈有此理。唐太宗真的替房玄齡抱不平，太宗就故意賜給房宰相幾個美女，並且想要殺殺他老婆的威風。房玄齡當然是不敢要的，唐太宗就讓皇后出馬勸說房玄齡的妻子，皇后自然也是碰了一鼻子的灰。

唐太宗大怒，親自出馬賜房夫人毒酒。

唐太宗說：「你若同意房宰相納我所送的美女便罷，若你不同意，那就要喝下此毒酒，此事絕無商量餘地！」

只見房夫人二話不說，將毒酒接過來，一口飲下，唐太宗看到這種情形，心裡大為驚駭，歎道：「此等女子我尚畏之，何況玄齡。」其實，唐太宗只是拿濃醋去嚇唬房玄齡的老婆，沒想到卻嚇到了自己和眾人。現代人將「嫉妒」說成「吃醋」的典故，就是由此而來。

台語俗諺所說的「某是玉皇上帝，爸母是囝仔大細」，主要也是在調侃男人懼內。懼內無所謂，但不要怕老婆怕到將「爸母當成是囝仔大細」不聽父母的話。說真的，「懼內」其實是一種「哲學與藝術」，但「不孝」就真的是不可取了。

台語俗諺——說神論鬼

玉皇大帝，或稱玉皇上帝，昊天上帝等，民間或稱天公。由於天公住在天上玉京，所以稱之為玉皇上帝。

道教中的最高尊神原本為三清，即玉清元始天尊、上清太上道君、太清太上老君。玉皇大帝原是位於三清之下的神祇，是玉清元始天尊屬下諸神，但在唐代，玉皇、玉帝稱號漸趨普及；到了宋代，乾脆把玉帝與傳統奉祀的昊天上帝合為一體，上尊號曰昊天玉皇上帝，至此國家、民間、道教三方面的信仰正式合流。在民間俗

信中，玉皇逐漸脫離了國家祀典和道教經典，成為至高無上的天神，號稱昊天金闕至尊玉皇上帝，總管三界十方，是神鬼世界真正的皇帝（宗力、劉群，1986）。在明代吳承恩編寫《西遊記》時，如此的概念就已成型。例如在第一回中「靈根育孕源流出，心性修持大道生」就記載「高慈仁者玉皇大天尊玄穹高上帝，駕座金闕雲宮靈霄寶殿」，其中玉皇大帝的名稱為「玄穹高上帝」，祂居住於「靈霄寶殿」則是家喻戶曉的通俗概念。

由於玉皇大帝又稱天公，玉皇大帝又是整個天界的代表，所以在一般人心目中，「天公」就等同於「天」。在台語俗諺中提到「天」的諺語相當多，如「一念感動天」（《徐諺》）、「天公疼憨人」（《徐諺》）、「千算萬算、毋值天一畫」（《諺典》）、「人飼人一枝骨，天飼人，肥朒朒」（《諺典》）……等，凡此皆可看出台語俗諺以「天」為題材所表現出的各種俗諺的運用。若將這些俗諺中所包含的「天」集合在一起加以研究，我們也可以在其中觀察到臺灣人民與社會中所存在的「天命思想」。鄭志明（1986）認為天命思想是「天與人」的宗教觀念，古人會將天視為宇宙中統攝萬物的神靈。

由此我們可以得知，神義性的天，是承認在無形中，有一主宰天地的力量在操作這天地的運行，並宰制著人們的命運，這樣的思想，是民間宗教思想的主體。我們可以由流行的台語俗諺中得到證明，從上文所舉出的幾個例子中，我們就可以看出這些俗諺反映出相當濃厚的天神信仰。因此也可知道，民間自有其一套宇宙論，

來詮釋人天之間的關係，進而撫慰百姓的心靈，並給予人們安全感與生命的意義。台語俗諺中天命思想的哲學研究，亦是一個值得討論之命題，但本文在此僅針對台語俗諺中的「玉皇大帝」加以說明，其解釋如下：

1、某是玉皇上帝，爸母是囡仔大細。（《徐諺》，頁340）
Bóo sī Giȯk-hông-siōng-tè, pē-bú sī gín-á tuā-sè.

原文用字是「某是玉皇上帝，父母是囝仔大細。」

　嘲人懼內且不孝，把妻子（某）看成天公，把父母當做小孩子（徐福全，1998）。此諺是說將妻子當成像玉皇大帝一樣地侍奉、敬畏，但卻對父母像自己的小孩子一樣。這是嘲笑怕太太的人。

　「某」是太太、妻子的意思。「囡仔大細」是各年齡的小孩子。

　台語俗諺說：「聽某喙，大富貴」，但也有一句俗諺是說：「聽某喙，乖骨肉」，究竟太太的話可不可以聽呢？主要還是取決於「先生」的判斷。若是太太的話正確可行，那當然要聽，而且要做；但若是太太的話有誤，那當先生的人，就不可以一味聽從，應當修正。這是夫妻相處之道，也同時顧及做人的道理。此句台語俗諺就是在嘲諷這些缺乏判斷力的男士們，把「某」的話當成是玉皇大帝的聖旨一樣的信奉遵從，而把生養自己的父母，卻當成小孩子

一樣，不加理睬。這句台語俗諺真是值得諸位男士深自反省，千萬不要把自己的責任推給自己的太太，而是要反思自己是否做了正確的判斷。由此可以知道，台語俗諺不僅保存了臺灣社會的文化，而且還具有指導人生的功能！

註 生 娘 娘

神鬼傳奇諺語故事——台語版
註生娘媽，毋敢食無囝油飯

　　傳說中，註生娘娘陳靖姑是道士陳守元的女弟子。伊捌共一个老阿婆鬥相共，老阿婆就傳授伊符咒（hû-tsiù）祕法，予伊會使佮鬼神溝通，嘛會當差教天兵天將。當時佇永福彼个所在，有一隻白蛇作孽為害鄉里，白蛇有當時仔會覕起來，有當時仔會化做人形，朝廷就請陳靖姑來收除伊。陳靖姑就率領弟子畫符施法，閣將白蛇圍起來，斬做三塊。想袂到白蛇竟然化成三个查某囡仔旋走，閣飛入去古井內底覕，陳靖姑就佮弟子共古井圍起來，靖姑伊家己落去佮白蛇大戰三百回合，最後白蛇無力通反抗，就按呢乖乖仔予伊掠起來矣。

　　後來民間就奉祀陳靖姑做註生娘娘，共伊當做是查某人生囝助產、囝孫生湠、保庇紅嬰仔平安的神明。若有查某人祭拜註生娘娘欲共伊求子求女，準講若跋有桮，就會當將神桌前供奉的花簪（hue-tsiam）插佇頭殼頂紮轉去。若是婦人人一直生查埔的抑是查某的，會當請註生娘娘換一蕊白花抑是紅花，這叫做「移花換斗」。若確定有身，婦人人會準備鮮花素果來答謝；囡仔滿月了後，查某人嘛會紮鮮花素果、油飯、麻油雞酒來答謝。因為有按呢

的傳統風俗，所致民間有「註生娘媽，毋敢食無囝油飯」的俗諺，這是咧表達講，家己無鬥相共著啥物，毋敢收別人的謝禮，這嘛算是一種謙虛的講法。

神鬼傳奇諺語故事——華語版
註生娘媽，毋敢食無囝油飯

　　傳說中註生娘娘陳靖姑是道士陳守元的女弟子。她曾經幫助過一位老婆婆，老婆婆就傳授她符咒祕法，讓她能夠和鬼神溝通，並且能使喚天兵天將。當時在永福一帶有一隻白蛇作孽為害鄉里，白蛇有時會隱藏起來，有時會幻化為人形，朝廷就請陳靖姑來驅除牠。陳靖姑便率領弟子畫符施法，並將白蛇圍起來，斬成三塊。白蛇竟然幻化成三個女子逃走，飛進古井中，陳靖姑和弟子便將古井圍困起來，陳靖姑自己下去與白蛇大戰三百回合，最後白蛇無力反抗，便乖乖就擒了。

　　後來民間就祀奉陳靖姑為註生娘娘，把祂當成是婦人生子助產、子嗣繁衍、保佑嬰兒平安之神。若有婦女祭拜註生娘娘想要向祂求子求女，若是獲得靈筊允許，可將神前供奉的花簪插在頭髮上戴回家。如果婦女一直生男孩或女孩，可以請註生娘娘換朵白花或紅花，這叫「移花換斗」。確定懷孕後，婦人會帶鮮花素果來答謝；小孩滿月後，也會帶鮮花素果、油飯、麻油雞酒來答謝。因為

有這樣的傳統習俗，故民間有「註生娘媽，毋敢食無囝油飯」的俗諺，用於自謙沒有幫上什麼大忙，不敢收他人謝禮的說法。

台語俗諺──說神論鬼

目前臺灣一般人對於註生娘娘的來歷，主要有兩種說法，鄭素春（2013）認為：一是指為雲霄，並有姊妹碧霄、瓊霄共成三仙，同受供奉；一是指臨水夫人陳靖姑。

註生娘娘旁有時會配祀十二婆姐，十二婆姐各抱小孩，十二小孩六好六壞，各依因果賜福憑禍也。註生娘娘有的以鳥母之造形為之。鳥母，乃指燕子於春分時節飛來的時候，因燕子感陽氣（即飛向暖和之地）飛來群集堂宇，其由來主為產乳番滋，以此徵象也。

這裡的解釋與上文「床母」之傳說頗為相似，這大概因為床母與註生娘娘都與婦女生子有關，所以民間將祂們的造型相互融合，連其由來傳說也十分相像。以下將與註生娘娘相關的台語俗諺說明如下：

1、註生娘媽，毋敢食無囝油飯。(《諺典》，頁521)
Tsù-senn-niû-má, m̄ kánn tsia̍h bô kiánn iû-pn̄g.

　　註生娘媽或稱註生娘娘，是民間信仰中掌管生男育女的女神。一般人家生男則燜油飯分送親朋好友，當然也拜祭註生娘媽；但未生男卻拿油飯來祭拜，註生娘媽既未庇祐人家生男，當然不該也不配享用此油飯。此諺用於自謙沒幫上什麼大忙，不敢收他人謝禮（陳憲國、邱文錫，1999）。

　　臺灣民間習俗，若生男孩就在滿月時分送糯米油飯給親友鄰居，若是曾向註生娘娘許願生男孩，該戶人家自然會在孩子滿月時，以油飯來祭拜註生娘娘。

　　註生娘娘是掌管婦女產育的神。在過去女人結婚、生子育女，傳宗接代成為重要的職責，多子多孫被認為是人丁旺盛，家道興隆的幸福之兆。所以婦女們對於自己的產育，莫不寄以極大的關懷：未生育者期盼有神明能保佑她早生貴子；有子的人祈望有神明能保護小孩無恙；孩子有病時，希望有神明能令他早日康復。由於這種關懷與寄望，自然就產生了一種超乎人力的神明，能夠來保佑協助婦女產育之事。這位被民間所信仰侍奉的神，祂就是註生娘娘。

　　註生娘娘到底是誰，眾說紛紜。有的說是碧霞元君，也有的說是臨水夫人，祂是救婦女難產的神。臺灣最普遍的是以臨水夫人

陳靖姑為註生娘娘，因其為救產救難之神，因而被稱之，然而臨水夫人聖誕於正月十五日，顯與註生娘娘之聖誕三月二十日不同。但無論如何，註生娘娘在臺灣普遍地被信奉、膜拜、被許願，卻是事實。註生娘娘掌管婦女之生育，每一個婦女該生幾個兒子幾個女兒，祂的生育簿上均有記載，所以，只要祂一查，便知道該讓婦女生男或育女，或是接受祈願予以刪改。

所以，若是有婦女到註生娘娘面前許願生男或生女，要是註生娘娘無法達成婦女的願望，祂也不敢吃該婦女的油飯。台語俗諺用註生娘娘的形象，來說明人世間「無功不受祿」的概念。

2、催命鬼，看做註生娘娘。（《陳諺（二）》，頁274）

Tshui miā kuí, khuànn tsò Tsú-senn-niû-niû.

此諺用來諷刺誤將身家生命交託給邪惡的毀壞者，譬喻是用臺灣民間信仰的註生娘娘崇拜為背景來襯托的。背景：舊時代民智未開，產婦遇到難產，「老先生媽」束手無策的時候，只好向「註生娘娘」求救，求祂保庇，化解苦厄，救母子二命。誰知，在這緊急關頭，糊里糊塗地把「催命鬼」當做「註生娘娘」來祈禱（陳主顯，2000）。

催命鬼是在人彌留之際，閻王差遣夜叉之類的鬼卒前來索命，此謂之「催命鬼」。此則台語俗諺是說識人不清，所託非人，錯將惡類當善人來求助，誤將催命鬼當成註生娘娘來祈求。

在以前醫藥不發達之時，註生娘娘的確是待產婦女唯一所可祈願者，在一切不可預測的生產過程中，唯有祈求註生娘娘給予庇佑，否則「生贏雞酒芳，生輸四塊枋」（《諺典》），生產對舊時女性而言，是一場生死考驗，註生娘娘，也就成了所有婦女的保護神了！

媽　祖

<u>神鬼傳奇諺語故事</u>——台語版
北港媽祖興外境

　　每一冬大甲鎮瀾宮媽祖去北港朝天宮「謁（iat）祖進香」的民俗活動一直攏是臺灣民間規模上大的進香活動。雖然農曆三月二十三日才是媽祖生，毋過佇一、二月的時，就有足濟媽祖攏轉去祖廟去拜祖神矣，到三月，轉去祖廟進香的活動更加是鬧熱滾滾，全國各地的媽祖廟香客攏挾滿滿，鬧熱甲。其中就是以大甲媽祖去北港朝天宮的謁祖進香活動場面上大，每一年香客人數攏有五、六萬人，若是佇送駕出城、祝壽大典、迎駕入廟的時，信徒更加是有一、二十萬人遐爾濟，真正是足風神、足盛大的啦。

　　日本時代進前，大甲媽祖原本是去對岸湄洲嶼朝天閣謁祖進香，毋過佇一八九五年中日戰爭以後，因為動亂，無法度閣去到對岸，只好變通調整去有奉祀「聖父母殿」的北港朝天宮，共「聖父母」行謁祖之禮，這是有頂下關係的宗教禮數。進香彼同時，「大甲媽祖」嘛佮「北港媽祖」互相聯誼，進行「交香、合火」，這是平等性質的神界禮儀。

　　毋過這百年以來的「大甲鎮瀾宮天上聖母北港進香」，佇民國七十七年（一九八八年）之後，因為兩間廟主事者的誤會，大甲

媽祖改去新港奉天宮「遶境進香」，遶境是神明巡視管區的宗教活動，因為這个名稱的改變，大大提昇大甲媽祖的地位，毋過這並無影響香客欲去北港朝天宮參拜的意願，北港朝天宮猶原是信徒心內重要的媽祖根據地。因為對臺灣各地來北港參拜的香客足濟的，甚至可能超過當地人參拜的頻率佮人數，毋才當地人誤會講「北港媽祖特別照顧外地人」，尾仔才會有這句台語俗諺：「北港媽祖興外境。」

神鬼傳奇諺語故事——華語版
北港媽祖興外境

　　每年大甲鎮瀾宮媽祖到北港朝天宮「謁祖進香」的民俗活動一直以來都是臺灣民間規模最大的進香活動。雖然農曆三月二十三日才是媽祖的誕辰，不過早在一、二月間，就有許多媽祖已紛紛回到祖廟去進謁祖神了，到了三月份，回祖廟進香的活動更是到了最高潮，全國各地的媽祖廟都會擠滿香客，熱鬧非常，其中又以大甲媽祖到北港朝天宮的進香活動最為盛大，每年香客人數約有五、六萬人，而在送駕出城、祝壽大典、迎駕入廟時信徒更多達一、二十萬人，這真是令人嘆為觀止。

　　日治之前，大甲媽祖原本是前往對岸湄洲嶼朝天閣謁祖進香，但在一八九五年中日戰爭後，因時局動亂，臺海兩隔，無法再

到對岸，只好變通調整前往建有「聖父母殿」的北港朝天宮，向「聖父母」行謁祖之禮，這是從屬關係的宗教禮數。進香的同時，「大甲媽祖」也和「北港媽祖」互相聯誼，進行「交香、交火」，這是平等性質的神界禮儀。

不過百年盛事的「大甲鎮瀾宮天上聖母北港進香」，在民國七十七年（一九八八年）以後，因為兩廟主事者的誤會，大甲媽祖改往新港奉天宮「遶境進香」，由於遶境是神明巡視轄區的宗教活動，因此藉由此名稱的改變，也大大提昇大甲媽祖的地位，但這並不影響香客前往北港朝天宮參拜的意願，北港朝天宮仍是信徒眼中重要的媽祖根據地。由於從臺灣各地來北港參拜的香客相當多，甚至可能超越當地人參拜的頻率與人數，所以當地人才會誤以為「北港媽祖特別照顧外地人」，由這樣的心態後來才會引申出此句台語俗諺：「北港媽祖興外境。」

台語俗諺──說神論鬼

媽祖，亦稱天上聖母、天妃、天后、娘娘，閩、廣一帶及臺灣皆稱之為媽祖。臺灣民間對媽祖的信仰極為虔誠也很普遍。尤其農曆三月二十三日的媽祖誕辰，各地更是舉行隆重的慶典來慶祝，這其中又以北港朝天宮的「北港媽祖」進香團規模最為盛大。

媽祖的生平事蹟有多種說法，無論是其出生年，其家世、其人其事，皆有不同的記載，但以乾隆十七年重修的《臺灣縣志》所

載較為人採信。其內容大概是說五代末年，福建興化府莆田縣湄州嶼的都巡官，名叫林惟愨，平日樂善好施，在鄉里中向有「林善人」的美譽。林家因為觀音佛祖向林夫人顯靈，在宋建隆元年三月二十三日，林夫人產下第六個女兒，名叫「九娘」，因為此嬰兒在彌月之前的一個月內都未曾哭過，所以林善人便將她命名為「默娘」。默娘在長大後向道士學習《玄微秘法》，常幫助鄉民，並且常救助受海難的漁民，頗得鄉里愛戴。宋太宗雍熙四年九月八日，默娘二十八歲，自己登高昇天。後來屢顯靈威，地方人士即建廟感念祂的恩澤，並尊稱祂為「通靈賢女」，靈異顯著，香火日盛。由於媽祖屢次在海上救苦救難，自宋以降，歷代帝王都敕封這位女姓海神為「天妃」、「天后」。明永曆十六年，因助鄭成功驅逐荷蘭人，因此在九月建鹿耳門聖母廟，在今臺南市安南區土城。每年春秋二祭，為臺灣本島建立媽祖廟之始。清康熙二十二年，施琅征臺奏請，謂得媽祖之助，朝廷乃晉封為「天上聖母」。嘉慶五年以媽祖護國佑民，加封長達三十二字的封號：「護國庇民妙靈昭應宏仁普濟福佑群生誠感咸孚顯神贊助重慈篤祐天后之神」，後來嘉慶又御筆親書「神昭海表」四字；光緒頒賜「慈雲灑潤」四大字（姜義鎮，1995；阮昌銳，1982）。

　　不僅朝廷對媽祖封賜，民間信眾為表示敬愛，更尊稱祂為「媽祖」或「媽祖婆」。以下就將與「媽祖」相關之台語俗諺解釋如下：

1、北港媽祖興外境。（《諺典》，頁166）
Pak-káng Má-tsóo hing guā-kíng.

　　此俗諺是說北港媽祖比較照顧外地人，對本地人卻不甚了了；北港媽祖受外地人崇拜，本地人卻不怎麼尊敬祂。用來形容人胳膊向外彎，偏袒外人；形容一個人在外地享盛名，在本地卻不受重視（陳憲國、邱文錫，1999）。

　　另外根據日據時代臺灣總督府所編的《臺灣俚諺集覽》（1997）所記的是：「北港媽祖應外鄉」。

　　這個台語俗諺當然不是事實，只是一種譬喻用法。媽祖澤被百姓，豈會分別在地與外地之分，靈驗與否，端看信徒誠心，心誠則靈，何必有地域之分？

2、請媽祖討大租。（《諺典》，頁596；《俗典》，頁507）
Tshiánn Má-tsóo thó tuā-tsoo.

　　大租即田租；請媽祖必須花費不少錢，如果花費比討回的田租還多，根本就得不償失。此諺用在處理小事，卻大動干戈，導致結果不敷成本（陳憲國、邱文錫，1999）。

　　媽祖能受到民間與官方的崇祀，乃與其特有的神明屬性有關，據阮昌銳（1982）分析，大概可分為三點：

（1）媽祖是三教之神

（2）媽祖是航海之神

（3）媽祖是仁孝之神

　　除了以上的神性外，民間還賦予媽祖送子娘娘（宗力、劉群，1986）的職司，而且還能救旱、驅魔、消滅流行病和病蟲害，由此看來，媽祖似乎已經由「海神」轉而成為「全能之神」了，也難怪台語俗諺會將媽祖請出來，請祂去收田租。但是請這麼一尊全能的大神去做收田租的小事，這句俗諺似乎有著「割雞焉用牛刀」的感嘆。但我們也可以由此台語俗諺中，略知臺灣民間對媽祖神力信奉的程度。

3、千里眼，順風耳。（《徐諺》，頁134）

Tshian-lí-gán, Sūn-hong-ní.

　　本為媽祖身邊的兩尊侍衛神，借喻耳目敏捷（徐福全，1998）。

　　千里眼、順風耳是供奉在媽祖神駕前的兩個從侍，造型突出。此兩將軍為媽祖所收伏，有其傳說。相傳宋朝時，媽祖得到銅符及玄通道人傳授祕訣以來，更加精通祕訣和劍法。此時，民間盛傳湄州西北方桃花山，有兩個大漢，青臉的叫千里眼，紅臉的叫順風耳，兩人為惡地方。媽祖知二人各具明視與遠聽千里的特長，想要收他們為部將，便將他們收服。媽祖就藉他們協助巡衛廣大的海

面，護佑漁民（阮昌銳，1982）。

　　媽祖是民間頗受崇奉的神祇，民眾幾乎已將媽祖視為萬能之神，所以才會「請媽祖討大租」，連收田租的小事都會想到要請祂幫忙，其他的大事，當然也會祈求媽祖襄助了。到北港媽祖進香是民間宗教的一大盛事，每年到了進香時候，就有成千上萬的信徒，由四面八方蜂擁而來，這不免讓當地人懷疑，媽祖婆是否較為庇佑外地人，否則怎會有如此多的人不遠千里來朝拜媽祖，所以當地人才會有「北港媽祖興外境」這樣的誤會產生。此外，媽祖還配侍了「千里眼，順風耳」，讓祂在處理百姓的祈願時，有良好的助手可以分憂解勞，濟世助人。

大道公

<u>神鬼傳奇諺語故事──台語版</u>
大道公想掀媽祖婆的花粉，
媽祖婆欲吹大道公的龍袞

　　民間有流傳一个誠趣味的傳說：媽祖出巡彼工一定會落雨；大道公（保生大帝）出巡彼工一定會透風。聽講這是因為個兩个人之間捌有一段愛情故事……。

　　媽祖佮大道公，攏是閩南人，聽講個兩个昇天了後，定定佇沿海一帶的天頂咧巡視，若有拄著風颱反船，或者是瘟疫（un-ik）流行的時，個就會落來救人。所以個嘛會定定見面，大道公看著媽祖人媠閣善良，就共媽祖求婚。原本媽祖有答應這層婚事，毋過後來媽祖看著羊母生羊仔囝的苦楚煞心內起驚惶，就共這層婚事辭掉，而且閣有講一寡仔大道公的是非。大道公知影了後誠受氣，伊就講欲佇媽祖生彼工，落雨來洗伊的花粉；媽祖知影這件代誌了後，就代先佇三月十五日大道公生彼工，透風吹伊的龍袍。這嘛是「大道公想掀媽祖婆的花粉，媽祖婆欲吹大道公的龍袞」俗諺的由來，毋才會有媽祖出巡彼工會落雨，大道公出巡彼工會透風，媽祖佮大道公鬥法的趣味傳說。自按呢以後，大道公佮媽祖的冤仇愈來愈深，聽講到今閣猶未完全和好。毋過若是彼工無風抑是無雨，信

徒就會講：「今年大道公佮媽祖和解矣！」真正足趣味的。

神鬼傳奇諺語故事——華語版
大道公想掖媽祖婆的花粉，
媽祖婆欲吹大道公的龍袞

　　民間流傳一個有趣的傳說：媽祖出巡當天一定會下雨；大道公（保生大帝）出巡當天一定會颱風，聽說這是源自於兩人之間曾經有過的一段愛情故事……。

　　媽祖與大道公，都是閩南人，據說祂們昇天後，經常在沿海一帶上空巡視，如果遇有颱風翻船，或是瘟疫流行時，便下來救人。因此，祂們也時常見面，而大道公見媽祖人美心善，便跟媽祖求婚。原本媽祖是答應這門婚事，但後來媽祖看到母羊生小羊的苦楚而心生恐懼，就辭謝了婚事並且還說了大道公的一些是非。大道公知道後非常生氣，就揚言在媽祖誕辰時，要降雨來洗她的花粉。媽祖知道這件事後，就先發制人，在三月十五日大道公的誕辰日，颱風吹開其龍袍。這也是「大道公想掖媽祖婆的花粉，媽祖婆欲吹大道公的龍袞」俗諺的由來。所以才會有媽祖出巡那天會下雨，大道公出巡那天會刮風，媽祖和大道公鬥法的有趣傳說。從此以後，大道公與媽祖的仇越來越深，據說至今還未完全和好。但若當天無風或者無雨，信徒就說：「今年大道公和媽祖和解了！」真的很有趣。

台語俗諺──說神論鬼

臺灣的保生大帝信仰是隨著泉州移民流傳來臺,早期保生大帝是屬於泉州同安人的守護神,但現在已無分別,供奉保生大帝的廟宇林立,其中最著名的是學甲慈濟宮和臺北保安宮。慈濟宮相傳是明永曆十五年由鄭成功官兵迎自大陸同安縣白礁鄉祖廟,在學甲的將軍溪畔登陸,因此被視為臺灣保生大帝開基祖廟。而臺北保安宮創於嘉慶元年,原有「保佑同安人」之意,為大龍峒地區信仰中心,每年三月十四日大道公誕辰前的遶境活動聲勢浩大,可以比美五月十三大稻程的「霞海城隍」祭典和十月二十三艋舺迎青山活動(林茂賢,1999)。

保生大帝,又稱大道公、吳真人、吳真君、真人仙師、吳公真仙、花轎公及英惠侯等。保生大帝姓吳,名夲,字華基,別號雲東。宋朝人。由於醫術高明,道德高尚,素為醫師、藥師及術士所奉祀(阮昌銳,1982)。

以下將與大道公相關之台語俗諺,解釋於後。

1、大道公想掖媽祖婆的花粉,媽祖婆欲吹大道公的龍袞。(《徐諺》,頁191)

Tāi-tō-kong siūnn iā Má-tsóo-pô ê hue-hún, Má-tsóo-pô beh tshue Tāi-tō-kong ê liông-kún.

原文用字是「大道公想灑媽祖婆的花粉，媽祖婆欲吹大道公的龍袞。」

這一則台語俗諺傳說，當然是穿鑿附會之說，也證明了臺灣神明人格化特質的演變過程。在此則台語俗諺中，大道公與媽祖，完全失去了當神明應有的「神格」，反而像人一樣有著七情六慾。大道公因為求愛不成，由愛生怒，想要在媽祖誕辰之日，降雨來水洗媽祖臉上的花粉化妝。媽祖也不甘示弱地要用自己的神力，來控制天氣，想在大道公的誕辰日，颳起大風，讓大道公的生日不得安寧。這兩位神明，在這則俗諺中，表現了在「人」身上才有的愛恨情仇。雖是如此，卻絲毫不影響祂們的神力及祂們在人們心中的地位，反而因為祂們也像人們一樣，有著「人」才有的各種情緒，讓大家更覺得祂們的可親可愛，這也更進一步說明了，神明也是由人修成的，只要用心修行，「人」也有成「仙」的一天！

再者，我們若由另一角度來看，我們可以將此俗諺，視為是一則臺灣的「氣象諺語」，在農曆三月份，天氣大多不穩定，常會颱風或是下雨，所以也有一則類似的俗諺「大道公佮媽祖婆鬥法，風雨齊到」（《徐諺》），或是「大道公風，媽祖婆雨」，都是在說明同樣的事情。由此我們也可以看出台語俗諺利用民間祭典習俗來與氣候相結合的有趣用法，頗讓人印象深刻。

2、大神大道,若大道公。(《諺典》,頁99)

Tāi sîn tāi tō, ná Tāi-tō-kong.

此諺的意思是說人舉止端莊,有如神明。用在形容人行為儀容端莊沉穩(陳憲國、邱文錫,1999)。

關於保生大帝的傳說很多,說祂能讓枯骨復生、並可懸絲醫疾。這其中又以泥馬渡康王(宋高宗)的故事最富傳奇性。相傳宋高宗還是太子(即康王)時,被金人當成人質,他想要回到中原來。就在他逃亡的路途中,大帝顯靈以「泥馬渡康王」,搭救康王渡江返回中原,因此高宗登基後,就為保生大帝立廟奉祀。孝宗並題賜「慈濟靈宮」匾額,且封之為「大道真人」。臺灣民間稱保生大帝為大道公,就是本於此稱號。台語俗諺也用「大道公」來說明一個人像神明般地沉著穩重。

本卷先說明臺灣民間的神明信仰,具體解釋了臺灣民間信仰的由來及其形成的過程。其次,本文將所揀選出的台語俗諺中的神明,按照(一)自然神、(二)物神、(三)靈魂神的順序加以分析,並將台語俗諺與這些神祇的關係做了概要的分析,希望藉由這樣的解釋,能使台語俗諺中的諸位神明,祂們的生平事蹟與祂們對臺灣文化的關連,能夠更清楚地呈現在大眾面前。

結語

　　在本書《臺灣台語俗諺鬼神紀事》寫作的過程中，雖然筆者只有討論台語俗諺中的「鬼神信仰文化」，但其實台語俗諺中還有許多論及佛教、道教、基督教、天主教、道教文化、乩童、尪姨、法師、天命思想、人格天、意志天、形上天、自然天等俗諺與主題，足見台語俗諺的內容相當豐富與多元。

　　希望讀者藉由閱讀本書，能了解更多台語俗諺中的語言與文化紀事，當我們越了解臺灣閩南俗諺的內涵，我們才能越明白台語俗諺在臺灣文化中的重要性。無論時代如何變遷，科技如何進步，那蘊藏在台語俗諺之中，屬於臺灣人的共同文化與事蹟，是不容許被遺忘的。這需要靠我們這一代人的努力保存，後世子孫才能有足夠的文字資料訊息可以傳承與學習，而這也正是本書寫作的基本信念。臺灣先民將這些宗教鬼神觀念由原鄉帶到臺灣，經過後世子孫的傳承與發展後，已滲入臺灣文化的底層，並且進入語言當中，成為台語俗諺的重要內容之一。本書所紀錄的台語俗諺，就是著重俗諺的經驗性與傳承性，希望藉由台語俗諺的傳承，可以使我們更能明瞭臺灣先人所遺留給我們的宗教文化內涵與事蹟，以及他們過去的奮鬥經驗與生活觀念。

總之，台語俗諺不僅保存了臺灣社會的文化底蘊，當我們在人生道路遇到困難，台語俗諺有時也可以提供人們另一個思考的方向，指導人生、面對生活。本書由台語俗諺鬼神信仰紀事談起，也深入地分析各俗諺的內容。希望台語俗諺不再只是阿公阿媽的用語，我們希望藉由這本書，讓台語俗諺變成是可以閱讀的故事，成為可以貼近人心，貼近情感，貼近我們生活週遭的一種活跳跳的文化語言紀錄。

　　我們邀請大家一起來努力保存臺灣的語言與文化，讓台語俗諺能在臺灣這塊土地上釘根永流傳！

Iau-kuí ké sè-jī. (頁78)

J

10.二月二，土地公搬老戲。
Jī-gue̍h jī, Thóo-tī-kong
puann lāu hì. (頁130)

11.惹蜂叮頭，惹鬼捏嚨喉。
Jiá phang tìng thâu, jiá kuí
nih nâ-âu. (頁108)

K

12.加兩支角，就是鬼。
Ka nn̄g-ki kak, tsiū sī kuí.
（頁97）

13.交官窮，交鬼死，交牛販食
了米。
Kau kuann kîng, kau kuí
sí , kau gû-huàn tsia̍h liáu
bí. (頁94)

14.看有食無干焦癮，親像佛祖

熗油煙。
Khuànn ū tsia̍h bô kan-ta
giàn, tshin-tshiūnn Pu̍t-
tsóo tshìng iû-ian. (頁177)

15.見人說人話，見鬼說鬼話。
Kìnn lâng kóng lâng-uē,
kìnn kuí kóng kuí-uē. (頁
95)

16.講人人到，講鬼鬼到。
Kóng lâng lâng kàu, kóng
kuí kuí kàu. (頁96)

17.鬼仔騙鬼王。
Kuí-á phiàn kuí-ông.(頁43)

18.鬼仔摸閻羅王尻川。
Kuí-á bong Giâm-lô-ông
kha-tshng. (頁44)

19.鬼驚惡人。
Kuí kiann ok-lâng. (頁93)

L

20.人牽毋行，鬼牽溜溜走。
Lâng khan m̄ kiânn, kuí khan liù-liù tsáu. (頁98)

21.你鬼我閻羅。
Lí kuí guá Giâm-lô. (頁43)

22.落水叫三界，上水叫無代。
Lóh tsuí kiò Sam-kài, tsiūnn tsuí kiò bô tāi. (頁138)

23.雷公扒尻脊。
Luî-kong pê kha-tsiah. (頁119)

24.雷公仔點心。
Luî-kong-á tiám-sim. (頁120)

P

25.拜灶君，起火袟薰，煮糜緊滾。
Pái Tsàu-kun, khí-hué buē hun, tsú muâi kín kún. (頁169)

26.北斗註死，南斗註生。
Pak-táu tsù sí, Lâm-táu tsù senn. （頁144)

27.北港媽祖興外境。
Pak-káng Má-tsóo hing guā-kíng. (頁194)

28.拍鑼嚇鬼。
Phah lô hánn kuí. (頁100)

S

29.屎緊毋驚鬼。
Sái kín m̄ kiann kuí. (頁99)

30.小鬼毋捌見過大豬頭。
Siáu-kuí m̄ bat kìnn kuè

tuā ti-thâu.（頁53）

31.小鬼袂堪得大百金。
Siáu-kuí bē kham tit tuā-
pah-kim.（頁54）

32.少年若無一擺戀，路邊哪有
有應公。
Siàu-liân nā bô tsít-pái
gōng, lōo-pinn ná ū Iú-ìng-
kong.（頁86）

33.世間若無戀，路邊哪有有應
公。
Sè-kan nā bô gōng, lōo-
pinn ná ū Iú-ìng-kong.（頁
87）

34.身裡無邪不怕鬼。
Sin lí bô siâ put-phà kuí.
（頁98）

35.先顧腹肚，才顧佛祖。

Sing kòo pak-tóo, tsiah
kòo Hut-tsóo.（頁175）

36.城隍爺的頭殼，你也敢挲。
Sîng-hông iâ ê thâu-khak,
lí iā kánn so.（頁151）

T

37.大神大道，若大道公。
Tāi sîn tāi tō, ná Tāi-tō-
kong.（頁201）

38.大道公想掖媽祖婆的花粉，
媽祖婆欲吹大道公的龍袞。
Tāi-tō-kong siūnn iā Má-
tsóo-pô ê hue-hún, Má-
tsóo-pô beh tshue Tāi-tō-
kong ê liông-kún.（頁199）

39.土地公無畫號，虎母敢咬
人。
Thóo-tī-kong bô uē hō, hóo
m̄ kánn kā lâng.（頁128）

40.豬哥鼻，雷公喙。
Ti-ko-phīnn, luî-kong-tsuì.
（頁121）

41.得失土地公，飼無雞。
Tik sit Thóo-tī-kong, tshī
bô ke. (頁129)

42.灶君公三日上一擺天。
Tsàu-kun-kong sann-jit
tsiūnn tsit-pái thinn. (頁
167)

43.田頭田尾土地公。
Tshân-thâu tshân-bué
Thóo-tī-kong. （頁126）

44.倩鬼拆藥單。
Tshiànn kuí thiah ioh-
tuann. (頁106)

45.床母公、床母婆，保庇阮囝
勢大漢、勢迌。

Tshng-bó-kong、Tshng-bó-
pô, pó-pì guán kiánn gâu
tuā-hàn, gâu tshit-thô. (頁
161)

46.催命鬼，看做註生娘娘。
Tshui miā kuí, khuànn tsò
Tsú-senn-niû-niû. (頁188)

47.千里眼，順風耳。
Tshian-lí-gán, Sūn-hong-ní.
（頁195）

48.請媽祖討大租。
Tshiánn Má-tsóo thó tuā-
tsoo. (頁194)

49.枕頭神較聖三界公。
Tsím-thâu-sîn khah siànn
Sam-kài-kong. (頁137)

50.錢會通神使鬼。
Tsînn ē thong sîn sái kuí.

（頁72）

51.鍾馗治小鬼。
Tsiong-kuî tī sió-kuí.（頁51）

52.將軍無佇咧，小鬼拍獵。
Tsiong-kun bô-tī--leh, sió-kuí phah-la̍h.（頁56）

53.一个某，較好三身佛祖。
Tsit ê bóo khah hó sann-sian Pu̍t-tsóo.（頁176）

54.做鬼做祟。
Tsò kuí tsò suī.（頁107）

55.註生娘媽，毋敢食無囝油飯。
Tsù-senn-niû-má, m̄ kánn tsia̍h bô kiánn iû-pn̄g.（頁187）

56.水鬼做久升城隍。

Tsuí-kuí tsò kú sing Sîng-hông.（頁64）

57.水鬼騙城隍。
Tsuí-kuí phiàn Sîng-hông.（頁65）

58.水鬼夯重枷。
Tsuí-kuí giâ tāng kê.（頁67）

59.水鬼叫交替。
Tsuí-kuí kiò kau-thè.（頁63）

U

60.有錢使鬼都會挨磨。
Ū-tsînn sái kuí to ē e-bō.（頁70）

參考書目

（依作者姓氏筆劃順序）

專書

·吳瀛濤 1975《臺灣諺語》，臺北：臺灣英文出版社。

·呂大吉主編 1993《宗教學通論》，臺北：博遠出版有限公司。

·阮昌銳 1982《莊嚴的世界（上）、（下）》，臺北：文開出版社。

·阮昌銳 1990《中國民間宗教之研究》，臺北：臺灣省立博物館出版部。

·周榮杰 1978《臺灣諺語詮編》，高雄市：大舞台書苑出版社。

·宗力、劉群 1986《中國民間諸神》，河北：河北人民出版社。

·林茂賢 1999《臺灣民俗記事》，臺北：萬卷樓圖書。

·林寬明 1994《台灣諺語的語言研究》（A Linguistic Study of Taiwanese Proverbs）》，輔仁大學語言研究所碩士論文。

·林慶勳 2001《臺灣閩南語概論》，臺北：國立編譯館主編，心理出版社印行。

·俞學明、陳紅 2001《中國古代的哲學與宗教》，臺北：文津出版社。

·姜義鎮 1995《臺灣的鄉土神明》，臺北：臺原出版社。

·洪惟仁 1986《台灣禮俗語典》，臺北：自立晚報社。

·洪惟仁 1993《台灣哲諺典》，臺北：台語文摘雜誌社。

·徐華龍 1991《中國鬼文化》，上海：上海文藝出版。

·徐華龍 1998《鬼學全書（一）～（四）卷》，北京：新華書店。

·徐福全 1998《福全台諺語典》，作者自印。

·張勁松 1993《中國鬼信仰——揭開中國傳統文化神祕面紗》，臺北：谷風出版。

·陳主顯 2000-2009《台灣俗諺語典（一～十）》，臺北：前衛出版社。

·陳憲國、邱文錫 1999《實用臺灣諺語典》，臺北：樟樹出版社。

·陳昌閔 2001《台灣閩南諺語之社會教化功能研究》，南華大學文學研究所碩士論文。

·楊青矗 2001《台灣俗語辭典》，臺北：敦理出版社。

·董忠司總編纂，國立編譯館主編 2001《臺灣閩南語辭典》，臺北：五南出版社。

·董芳苑 1984《臺灣民間宗教信仰》，臺北：長青文化出版。

·鄭志明 1986《中國社會與宗教》，臺北：學生書局。

·鄭志明 1988《中國善書與宗教》，臺北：學生書局。

·鄭志明 1997《神明的由來—中國篇》，嘉義：南華管理學院。

·鄭志明 2001《中國社會鬼神觀念的衍變》，臺北：中華大道文化公司。

·賴亞生 1993《神祕的鬼魂世界》，北京：人

民中國出版社。

·瞿海源 1997《台灣宗教變遷的社會政治分析》，臺北：桂冠圖書。

·Brian Morris 著，張慧瑞譯 1996《宗教人類學導讀》，臺北：國立編譯館。

期刊論文

·丁常雲 1997.9〈道教的北斗崇拜及其科儀〉，《道教學探索》，10：49-58。

·王健旺 2000.8〈田頭田尾土地公—臺灣土地公信仰的特色〉，《歷史月刊》，151：4-14。

·呂宗政 1994〈鬼的信仰及其相關儀式〉，《民俗曲藝》，90：147-191。

·李祖基 1998.12〈城隍信仰與臺灣歷史〉，《臺灣源流》，12：108-114。

·周榮杰 1987.4〈台灣民間信仰中的厭勝物〉，《高雄文獻》，28/29：51-91。

·周榮杰 1991.6〈從俗話看民間的宗教信仰〉，《高市文獻》，3.2：87-149。

·林春美 1996.8〈鍾馗畫中的鍾馗噉鬼〉，《歷史月刊》，103：4-10。

·林美容 1994.6〈鬼的民俗學〉，《臺灣文藝（新生版）》，3：59-64。

·林榮澤 2000.7〈「城隍」在漢人社會中的角色及其功能—以日據時期臺北大稻埕的霞海城隍祭爲例〉，《中國歷史學會史學集刊》，32：233-271。

·林慶勳 2002〈論臺灣閩南語的訓讀字〉，《第四屆台灣語言及其教學國際學術研討會論文集》，643-652，國立中山大學中國文學系主辦。

·洪惟仁 1993.4〈從諺語看臺灣人的宗教觀〉，《臺灣哲諺典》，《台語文摘》，6.1=29：53-105。

·許素娥 1992.7〈人鬼關係〉，《傳習》，10：107-113。

·馮藝超 1997.7〈鬼禁忌初探〉，《中華學苑》，50：95-123。

·黃文博 1991.5〈臺灣民間「有應公信仰」類型分析〉，《民俗曲藝》，71：212-223。

·楊秀麗 2001.3〈從「十殿閻王圖」看古代地獄觀念之構成 Reviewing the Formation of Ideas in the Ancient Chinese Hell Based on the Pictures of Ten-court Kings〉，《國立歷史博物館學報》，19：75-111。

·董芳苑主講、陳美容紀錄 1986.6〈臺灣民間的鬼魂信仰〉，《臺灣風物》，36.2：43-75。

·董芳苑 1996〈「鬼附身」與巫術醫療〉，《臺灣神學論刊》，18：9-33。

·劉還月 1996.10〈觀音變貌·鬼王渡生—從普渡習俗看三峽中元祭中的鬼王大展〉，《臺北縣立文化中心季刊》，50：67-72。

·鄭志明 1986〈從臺灣俗諺談傳統社會的宗教思想〉，《史聯雜誌》，8：65-73。

·鄭志明 1996.7〈臺灣鬼信仰文化發展的檢討與展望〉，《鵝湖》，22.1：42-52。

·鄭志明 1997.1〈臺灣媽祖祭典的現象分析〉，《宗教哲學》，3.1：155-168。

·鄭志明 2001.1〈從《說文解字》談漢字的鬼神信仰〉，《鵝湖》，26.7：8-16。

·鄭素春 2013〈臺灣註生娘娘信仰之研究〉，《輔仁宗教研究》第26期。

·Wolf, Arthur P.著、張珣譯 1997.9〈神·鬼和祖先 Gods, Ghosts, and Ancestors〉，《思與言》，35.3：233-291。

國家圖書館出版品預行編目（CIP）資料

臺灣台語俗諺鬼神紀事／王崇憲著. -- 初版. -- 臺北
市：臺灣東販股份有限公司, 2023.05
216面：14.7×21公分

ISBN 978-626-329-807-1（平裝）

1.CST：鬼神 2.CST：諺語 3.CST：臺語 4.CST：
臺灣民俗

298.6   112004421

臺灣台語俗諺鬼神紀事

2023年 6 月1日初版第一刷發行
2023年11月1日初版第三刷發行

著　　　者　　王崇憲
編　　　輯　　王靖婷
封面設計　　水青子
內頁插畫　　陳郁涵
發 行 人　　若森稔雄
發 行 所　　台灣東販股份有限公司
　　　　　　＜地址＞台北市南京東路4段130號2F-1
　　　　　　＜電話＞（02）2577-8878
　　　　　　＜傳真＞（02）2577-8896
　　　　　　＜網址＞http://www.tohan.com.tw
郵撥帳號　　1405049-4
法律顧問　　蕭雄淋律師
總 經 銷　　聯合發行股份有限公司
　　　　　　＜電話＞（02）2917-8022